# Was ist eigentlich …?

**Reihe herausgegeben von**
T. Strobach, Hamburg, Deutschland

Die Buchreihe „Was ist eigentlich …?" möchte den Leserinnen und Lesern einen ersten Einblick in die verschiedenen Disziplinen der Psychologie geben. Die Einteilung der Bände dieser Reihe orientiert sich dabei an den typischen Psychologiemodulen an deutschen Universitäten. Deshalb eignen sich die kompakten Bücher vor allem für Psychologiestudierende am Beginn des Studiums. Sie bieten aber auch für alle anderen, generell an psychologischen Themen Interessierten einen ersten, gut verständlichen Einblick in die psychologischen Disziplinen: Jeder Band stellt den Kern einer dieser Disziplinen vor. Des Weiteren werden prominente Fragestellungen und Diskurse der Vergangenheit und der Gegenwart vorgestellt. Außerdem wird ein Blick in die Zukunft und auf offene Fragen gerichtet.

Weitere Bände in der Reihe http://www.springer.com/series/15934

Tilo Strobach · Mike Wendt

# Allgemeine Psychologie

## Ein Überblick für Psychologiestudierende und -interessierte

 Springer

Tilo Strobach
Fakultät Humanwissenschaften
Medical School Hamburg
Hamburg, Deutschland

Mike Wendt
Fakultät Humanwissenschaften
Medical School Hamburg
Hamburg, Deutschland

ISSN 2523-8744          ISSN 2523-8752   (electronic)
Was ist eigentlich …?
ISBN 978-3-662-57569-7          ISBN 978-3-662-57570-3   (eBook)
https://doi.org/10.1007/978-3-662-57570-3

Die Deutsche Nationalbibliothek verzeichnet diese Publikation in der Deutschen Nationalbiblio-
grafie; detaillierte bibliografische Daten sind im Internet über http://dnb.d-nb.de abrufbar.

Umschlaggestaltung: deblik Berlin

Gedruckt auf säurefreiem und chlorfrei gebleichtem Papier

Springer ist ein Imprint der eingetragenen Gesellschaft Springer-Verlag GmbH, DE und ist ein
Teil von Springer Nature
Die Anschrift der Gesellschaft ist: Heidelberger Platz 3, 14197 Berlin, Germany

# Vorwort

„Was ist eigentlich Allgemeine Psychologie?" Auf diese kurze Frage versucht dieses Buch eine möglichst einfache Antwort zu geben. Die vielleicht prägnanteste Antwort auf die Frage nach dem Gegenstand der Allgemeinen Psychologie ist die folgende: Die Allgemeine Psychologie hat zum Ziel, grundlegende psychische Prozesse, Mechanismen und Funktionen menschlichen Erlebens und Verhaltens zu untersuchen. Sie befasst sich daher mit allgemeingültigen Gesetzmäßigkeiten der psychischen Grundfunktionen, die für alle oder möglichst viele Menschen gelten. Die wichtigsten Forschungsbereiche der Allgemeinen Psychologie sind u. a. Wahrnehmung, Aufmerksamkeit, Lernen, Gedächtnis, Denken, Emotion, Motivation und Volition. Dieses Buch erschöpft sich nicht in der Darstellung wichtiger Befunde aus diesen Bereichen. Stattdessen werden wir zudem auf interessante und populäre Debatten eingehen, die zum Teil eine lange Tradition besitzen.

Wir haben uns bei der Auswahl der Forschungsbereiche auf die für uns wichtigen Bereiche fokussiert. Diese Auswahl haben wir aufgrund unserer Lehrerfahrung und Autorentätigkeit sowie nach eingehender Literaturrecherche getroffen. Den Lesern dieses Buches sollte allerdings klar sein, dass die getroffene Auswahl notwendigerweise nur einen kleinen Teilbereich abdeckt. Wir sind uns deshalb sicher, dass, hätten andere Autoren dieses Buch geschrieben, nicht dieselbe Auswahl von Forschungsbereichen behandelt worden wäre. Allerdings könnte es eine große Überlappung geben. Daher denken wir, hier eine repräsentative Auswahl allgemeinpsychologischen Wissens darzustellen.

Dieses Buch *Was ist eigentlich Allgemeine Psychologie?* sollte wie alle Bücher der Reihe *Was ist eigentlich …?* auch ohne einschlägiges psychologisches Vorwissen zu verstehen sein. Deshalb richtet es sich speziell an Studierende, die am Beginn des Studiums stehen, um ihnen einen Einblick in das Fach „Allgemeine

Psychologie" zu vermitteln. Darüber hinaus richtet sich das Buch generell an alle Psychologieinteressierte, und wir hoffen, die kurze Frage „Was ist eigentlich Allgemeine Psychologie?" möglichst zufriedenstellend zu beantworten.

Hamburg                                                                        Tilo Strobach
im Mai 2018                                                                   Mike Wendt

# Lernmaterialien zur Allgemeinen Psychologie im Internet – www.lehrbuch-psychologie@springer.com

- Karteikarten: Überprüfen Sie Ihr Wissen
- Glossar mit zahlreichen Fachbegriffen
- Zusammenfassungen der Kapitel
- Leseprobe
- Foliensätze sowie Tabellen und Abbildungen für Dozentinnen und Dozenten zum Download

- Vollständige Kapitel im MP3-Format zum kostenlosen Download
- Karteikarten: Prüfen Sie Ihr Wissen
- Glossar mit über 100 Fachbegriffen
- Kontrollfragen und Antworten
- Foliensätze sowie Tabellen und Abbildungen für Dozentinnen und Dozenten zum Download

- Alle Kapitel als Hörbeiträge
- Karteikarten: Fachbegriffe pauken
- Glossar: Im Web nachschlagen
- Prüfungsfragen und Antworten: Wissen prüfen
- Für Dozenten: Materialien für die Lehre

- Zusatztexte zum vertieften Lernen
- Zusätzliche Fragen und Denkanstöße zu den einzelnen Kapiteln
- Karteikarten: Fachbegriffe pauken
- Verständnisfragen & Antworten zur Prüfungsvorbereitung
- Dozentenmaterialien: Foliensätze, Abbildungen und Tabellen

- Glossar mit zahlreichen Fachbegriffen
- Karteikarten: Überprüfen Sie Ihr Wissen
- Kapitelzusammenfassungen
- Fragen & Antworten: Üben Sie für die Prüfung
- Dozentenmaterialien: Abbildungen und Tabellen

- Verständnisfragen und Antworten
- Glossar mit zahlreichen Fachbegriffen
- Karteikarten: Prüfen Sie Ihr Wissen
- Kapitelzusammenfassungen
- Dozentenmaterialien: Abbildungen und Tabellen

**Einfach lesen, hören, lernen im Web – ganz ohne Registrierung!**
Fragen? lehrbuch-psychologie@springer.com

# Inhaltsverzeichnis

Eine Vielzahl von psychischen Prozessen ist für die erfolgreiche Bewältigung selbst alltäglichster Situationen nötig. Stellen wir uns beispielsweise einen Einkauf im Supermarkt vor. Visuelle Informationen müssen in der Wahrnehmung verarbeitet werden, damit die verschiedenen Produkte gesehen und erkannt werden können. Nicht immer gelingt es auf Anhieb, das gewünschte Erwerbsobjekt im Regal ausfindig zu machen; dann wird das Aussehen verschiedener Verpackungen mit Gedächtniseinträgen des Gesuchten abgeglichen. Oft hilft hierbei die Erinnerung an das letzte Mal, an dem man dasselbe Produkt in demselben Laden besorgte: Statt aufwendiger visueller Suche können wir die Aufmerksamkeit schon zu Beginn auf den wahrscheinlichen Aufenthaltsort richten. Schlussendlich gilt es, die räumlichen Koordinaten des lokalisierten Objekts zur Steuerung einer Handbewegung heranzuziehen, welche einen unfallfreien Transport in den bereits bedenklich aufgefüllten Einkaufswagen sicherstellt – die Finger müssen beim Greifen ausreichend geöffnet werden, der Griff darf nicht zu stark sein etc. Zwischenzeitlich dürfen wir nicht vergessen, was wir (noch) kaufen wollten, oder uns durch aufmerksamkeitsheischende Werbung zu Fehlkäufen verleiten lassen, auch nicht im durch anregend-gefällige Umgebungsmusik befeuerten emotionalen Überschwang.

Die angesprochenen kognitiven und emotionalen Vorgänge spielen auch in vielen anderen Situationen eine wichtige Rolle und stellen typische Inhalte der Allgemeinen Psychologie dar. Generell ist es das Ziel der Allgemeinen Psychologie, grundlegende psychische Prozesse, Mechanismen und Funktionen menschlichen Erlebens und Verhaltens zu untersuchen. Dieses Kerngebiet der Psychologie befasst sich mit allgemeingültigen Gesetzmäßigkeiten der psychischen Grundfunktionen, die für alle oder möglichst viele Menschen gelten, d. h. die Allgemeine Psychologie folgt einem universellen Funktionalismus und fragt

© Springer-Verlag GmbH Deutschland, ein Teil von Springer Nature 2019
T. Strobach und M. Wendt, *Allgemeine Psychologie, Was ist eigentlich …?,*
https://doi.org/10.1007/978-3-662-57570-3_1

danach, **wie** menschliche Erlebens- und Verhaltensprozesse ablaufen (Prinz et al. 2017). Diese prozessorientierte Betrachtung wird ergänzt durch eine strukturelle Perspektive, die sich damit befasst, aus welchen Komponenten das psychische System aufgebaut ist und in welcher Beziehung diese Komponenten zueinander stehen.

Obgleich beide Aspekte, Erleben und Verhalten, historisch betrachtet zu jedem Zeitpunkt beständige Größen der allgemeinpsychologischen Forschung waren, lassen sich auffällige Variationen ihrer Wertigkeit in unterschiedlichen Forschungsepochen verzeichnen. So stand zum Beginn der wissenschaftlichen Psychologie in der Mitte des 19. Jahrhunderts das Erleben des Menschen im Mittelpunkt, als Gustav Theodor Fechner (1860) und Hermann von Helmholtz (1866/1910) in ihren Arbeiten systematisch die Beziehung zwischen einfachen objektiven physikalischen Umweltereignissen (z. B. Schalldruck eines Tons oder Wellenlängenspektrum einer Lichtquelle) und den subjektiven Wahrnehmungsinhalten (z. B. Lautheit beziehungsweise Farbe) ergründeten. Im Gegensatz dazu wurde die allgemeinpsychologische Forschung in der ersten Hälfte des 20. Jahrhunderts vornehmlich in den USA durch den Versuch der Erklärung (oder zumindest der Voraussage) des Verhaltens unter Ausklammerung vermittelnder psychischer (Erlebens-)Prozesse dominiert.

Heutzutage werden Erleben und Verhalten in der Betrachtung von Funktionen der Wahrnehmung, der Aufmerksamkeit, des Lernens, des Gedächtnisses, des Denkens, der Emotion, der Motivation und anderer Bereichen stark differenziert. Bevor wir uns im Einzelnen diesen Bereichen zuwenden, die grundlegenden Phänomene und populären Debatten in diesen Bereichen zeigen, werden wir uns zunächst einigen allgemeinen Aspekten der Allgemeinen Psychologie zuwenden.

## 1.1  Das Potenzial der Allgemeinen Psychologie

Die Untersuchung von grundlegenden psychischen Funktionen birgt das Potenzial bezüglich der praktischen Umsetzbarkeit vieler Erkenntnisse in einem realweltlichen Kontext. Nehmen wir das Beispiel der Steigerung des Lernerfolgs im schulischen oder universitären Kontext. Mittlerweile existiert eine beträchtliche Anzahl experimentalpsychologischer Untersuchungen zur Überprüfung der Wirksamkeit verschiedener Lernmethoden unter Berücksichtigung allgemeinpsychologischer Lern- und Gedächtnistheorien (Überblick in Dunlosky et al. 2013), aus denen sich klare Empfehlungen für die akademische Praxis ableiten lassen. Diese stehen mitunter in Diskrepanz zu gängig verwendeten Techniken wie z. B. dem Markieren von Schlüsselbegriffen, auf die beim erneuten Lesen fokussiert wird.

Auf der anderen Seite können grundlegende Aussagen zu psychologischen Prozessen nur durch Herstellung von Bedingungen gefunden werden, unter denen der infrage stehende Prozess in möglichst reiner Form isoliert wird und damit frei von Störfaktoren untersucht werden kann. Mit dieser Forderung verlagert sich der Ort der Untersuchung vom realweltlichen Leben in das Labor. Durch diese Verlagerung wird den untersuchten Prozessen ein natürlicher Kontext genommen, d. h., sie werden dekontextualisiert (Prinz et al. 2017). Auch wenn diese Dekontextualisierung fortwährender Kritik ausgesetzt ist, ist sie für die Ergründung grundlegender psychischer Prozesse alternativlos. Die praktische Umsetzung von Erkenntnissen über grundlegende Prozesse ist weniger Kernkompetenz der Allgemeinen Psychologie und kann mit ruhigem Gewissen anderen psychologischen Teildisziplinen überlassen werden (z. B. der Arbeits- und Organisationspsychologie, der Klinischen Psychologie, der Pädagogischen Psychologie).

## 1.2    Abgrenzung zu anderen Teildisziplinen

Die Allgemeine Psychologie als Teildisziplin im Kontext des wissenschaftlichen Faches Psychologie untersucht die grundlegenden psychischen Funktionen mit dem Anspruch auf allgemeine Gültigkeit. Ein besseres Verständnis zur Bedeutung dieses Ziels kann im Kontrast zu diesen anderen Teildisziplinen gegeben werden. So befasst sich die **Differentielle Psychologie** mit den Unterschieden zwischen Individuen und ihren psychischen Funktionalitäten anstatt mit ihren Gemeinsamkeiten. Auch die **Entwicklungspsychologie** beschäftigt sich mit einer Differenzierung, namentlich den Veränderungen psychischer Funktionalität im Verlauf des Lebens. Ziel der **Sozialpsychologie** wiederum ist nicht die Untersuchung des Erlebens und Verhaltens isolierter Individuen, sondern die Untersuchung psychischer Prozesse im Kontext sozialer Interaktionen. Pathologische Verläufe und Störungen psychischer Prozesse stellen den Gegenstand der **Klinischen Psychologie** dar.

Aus dieser Auflistung von Abgrenzungen zu anderen Teildisziplinen sollen zwei Dinge hervorgehoben werden. Zum einen kennzeichnen sie diese Teildisziplinen alternativ zur Allgemeinen Psychologie durch inhaltliche Schwerpunkte, mit der psychische Funktionen betrachtet werden (z. B. Sozialpsychologie: psychische Prozesse in Interaktion). Streng genommen fehlt der Allgemeinen Psychologie diese inhaltliche Schwerpunktsetzung. Daher muss ehrlicherweise gesagt werden, dass die Teildisziplin Allgemeine Psychologie eher ein Resultat des deutschsprachigen universitären Fächerkanons und seiner Modulstruktur ist und weniger ein inhaltliches Produkt. Diese Aussage lässt sich vor allem an Beispielen verdeutlichen, die nicht deutschsprachigen universitären Strukturen unterliegen.

So findet sich im angloamerikanischen Raum und seinen universitären Strukturen keine zur Allgemeinen Psychologie äquivalente Teildisziplin. Große Überschneidungen gibt es zwar mit Modulen zu Cognitive Psychology, doch geht die Allgemeine Psychologie über eine rein kognitiv orientierte Betrachtungsweise hinaus (z. B. in den Themenbereichen Motivation und Emotion). Andere Themen der Allgemeinen Psychologie entstammen wiederum einer Forschungstradition, welche den Rückgriff auf kognitive Erklärungsansätze ablehnt und eine Beschränkung auf die Beschreibung von Input-Output-Relationen fordert.

Ein zweiter Aspekt, der an dieser Stelle hervorgehoben werden soll, ist die Auswahl von Teilnehmern und Teilnehmerinnen an Studien zur Untersuchung psychischer Prozesse. Die Allgemeine Psychologie untersucht allgemeingültige Aussagen an gesunden, jungen Erwachsenen, da man von dieser Personengruppe erwartet, dass psychische Funktionen hier in einem weitgehend optimalen und damit „reinen" Zustand betrachtet werden können. Im Kontrast dazu werden in entwicklungspsychologische Studien – je nach Untersuchungsgegenstand – Säuglinge, Kinder, Jugendliche, junge oder ältere Erwachsene mit aufgenommen. Um pathologische Verläufe psychischer Prozesse zu betrachten, muss wiederum auf klinische Patientengruppen zurückgegriffen werden.

## 1.3    Methoden der Allgemeinen Psychologie

Wie kann man nun detaillierten Aussagen zu allgemeinpsychologischen Konstrukten machen? Vereinfacht gesagt, stehen die Methoden **Beobachtung** und **Experiment** zur Auswahl. Die Beobachtung ist vor allem dann angebracht, wenn man das psychologische Geschehen in seiner Komplexität und seiner naturwüchsigen Dynamik untersuchen möchte. Das Experiment ist demgegenüber zu bevorzugen, wenn man die Kausalität von Mechanismen psychischen Geschehens im Einzelnen studiert. Dazu werden Bedingungen hergestellt, unter denen die Wirksamkeit einzelner Faktoren selektiv in den Blick genommen werden kann; diese gezielte Selektion ist mit der Beobachtung nicht möglich. Daher ist das Experiment für die Allgemeine Psychologie **die** Forschungsmethode. Im Rahmen dieser Methode werden oft künstlich vereinfachte Aufgaben mit verschiedenen Bedingungen hergestellt, die im Labor untersuchbar und für eine Fragestellung relevant sind, mit dem Ziel, deren Einfluss auf psychische Prozesse sinnvoll zu erforschen. Die verschiedenen Bedingungen stellen **unabhängige Variablen** dar. **Abhängig** von diesen Variablen sind zum einen subjektive Daten (z. B. die Empfindung von Helligkeit eines Lichts oder der emotionale Zustand in einer Situation) sowie zum anderen Verhaltens- und physiologische Daten (z. B. die Geschwindigkeit und Fehleranfälligkeit für Entscheidungen zwischen Alternativen).

Diese generellen Aussagen zur experimentellen Methode werden in Box 1: Experimente zum Stroop-Effekt verdeutlicht. Es handelt sich um typische, als paradigmatisch zu bezeichnende Experimente der Aufmerksamkeitsforschung. Auch andere Bereiche kennzeichnen sich durch paradigmatische Experimente. So sind Wahlreaktionsexperimente mit einfachen Antwortentscheidungen bezüglich einer begrenzten Menge an Reizen typisch für Wahrnehmungsuntersuchungen (z. B. werden einfache visuelle Formen mit unterschiedlichen Kontrasten präsentiert und die Reaktionszeiten beim Erkennen der jeweiligen Form in Abhängigkeit von den Kontrastbedingungen analysiert). Typisch für die Gedächtnisforschung sind beispielsweise Wiedererkennungsexperimente (z. B. Welche Gesichter aus einer zuvor gezeigten Menge von Gesichtern können später wiedererkannt werden?).

**Box 1: Experimente zum Stroop-Effekt**
Der Stroop-Effekt ist die wohl populärste Demonstration der Eigenschaft mancher psychischer Prozesse, die auch ohne zugehörige Absicht ablaufen, wenn bestimmte reizseitige Gegebenheiten vorliegen. Man spricht in diesem Fall von **Automatisierung**. Eine derartige Automatisierung ergibt sich vermutlich als Folge ausgeprägter Übung eines Prozesses – wie es beispielsweise beim seit der Kindheit mannigfach praktizierten Lesen von Wörtern der Fall ist.

In einer klassischen Variante der Stroop-Aufgabe werden Versuchspersonen instruiert, möglichst schnell die Druckfarbe eines Farbwortes zu verbalisieren (MacLeod 1991; Stroop 1935). Dabei gibt es eine inkongruente Bedingung, z. B. das Farbwort GRÜN ist in roter Schrift gedruckt – die richtige Antwort in diesem Fall wäre also „rot". In einer kongruenten Bedingung ist das Farbwort ROT in roter Schrift gedruckt – auch hier ist die richtige Antwort „rot". Der Stroop-Effekt besteht nun darin, dass in der inkongruenten Bedingung, im Vergleich zur kongruenten Bedingung, das Benennen der Farbe verzögert erfolgt und subjektiv als mühsamer erlebt wird. Diese Verzögerung ist darauf zurückzuführen, dass die Wortbedeutung in der instruierten Aufgabe nicht ignoriert werden kann, da das Lesen eines Wortes aufgrund des hohen Übungsgrads auch ohne zugehörige Absicht – die Aufgabe besteht ja in der Benennung der Farbe –, quasi von selbst erfolgt, sobald man eines lesbaren Textes ansichtig wird. Man spricht von einer automatischen Aktivierung der Wortinformation GRÜN, die zur Störung (d. h. Interferenz) bei der Benennung der Druckfarbe („rot") des Stroop-Stimulus führt. Beide Aspekte des Stimulus werden parallel bis kurz vor der offenen Sprechreaktion verarbeitet. Die inkongruente

Wortbedeutung und die dazugehörige Sprechreaktion müssen für eine korrekte Aufgabenausführung allerdings unterdrückt werden. Dieser Unterdrückungsprozess ist zeitintensiv und resultiert im Stroop-Effekt.

Konsistent mit der Annahme, dass die hohe Übung im Lesen von Wörtern zum Stroop-Effekt führt, zeigen Kinder ohne Leseübung und Fremdsprachler nur einen geringen oder gar keinen Stroop-Effekt.

Neben der klassischen Farb-Wort-Stroop-Aufgabe gibt es weitere Varianten, beispielsweise die Zahlen-Stroop-Aufgabe – mit einer kongruenten Bedingung (z. B. 333) und einer inkongruenten Bedingung (z. B. 3333), wenn die Anzahl der Zahlen und nicht ihre Identität benannt werden soll. In dieser Variante ist ebenfalls ein Stroop-Effekt und somit der Nachweis für die automatische Verarbeitung von Zahlidentitäten zu finden.

Einige neuere Befunde weisen darauf hin, dass auch automatisierte Prozesse in gewisser Weise kontrolliert werden können. Beispielsweise finden sich drastische Verminderungen des Stroop-Effekts, wenn Versuchspersonen suggeriert wird, sie könnten die Schriftzeichen nicht entziffern (z. B. unter Hypnose) – zumindest wenn es sich um für Suggestionen empfängliche Versuchspersonen handelt (Raz et al. 2002).

Im Folgenden werden wir einen einführenden Überblick über die wichtigsten Forschungsbereiche der Allgemeinen Psychologie geben. Diese Bereiche sind Wahrnehmung (Kap. 2), Aufmerksamkeit (Kap. 3), Lernen (Kap. 4), Gedächtnis (Kap. 5), Denken (Kap. 6), Emotion, Motivation und Volition (Kap. 7).

### Zusammenfassung
Die Allgemeine Psychologie

- hat zum Ziel, grundlegende psychische Prozesse, Mechanismen und Funktionen menschlichen Erlebens und Verhaltens zu untersuchen.
- befasst sich mit allgemeingültigen Gesetzmäßigkeiten der psychischen Grundfunktionen, die für alle oder möglichst viele Menschen gelten.
- untersucht allgemeingültige Aussagen größtenteils an gesunden, jungen Erwachsenen.
- verwendet als Methode in erster Linie das Experiment, um die Kausalität von Mechanismen psychischen Geschehens im Einzelnen zu studieren.

# Wahrnehmung

2

Die Wahrnehmungspsychologie beschäftigt sich mit den psychischen Prozessen, die mit der Aufnahme von Informationen aus unserer Umwelt, deren interner Repräsentation und ihrer Bereitstellung für die weitere Verarbeitung (z. B. im Gedächtnis oder in der Handlungssteuerung) assoziiert sind. Da der weitaus größte Teil der wahrnehmungspsychologischen Forschung im Bereich der visuellen Sinnesmodalität zu finden ist, werden wir unsere Ausführungen auf diese Modalität begrenzen, wohl wissend, dass andere Modalitäten wie die auditive, haptische, gustatorische und olfaktorische Modalität ebenfalls wichtig sind. Um eine besondere wahrnehmungspsychologische Debatte darzustellen, werden wir am Ende dieses Kapitels zur Wahrnehmung darlegen, welche Eigenheiten die Wahrnehmung von menschlichen Gesichtern im Vergleich zu anderen Objekten zeigt.

Die Wahrnehmungspsychologie zeichnet sich unter anderem durch zwei Perspektiven aus (Kiesel und Koch 2018): die beschreibende und die erklärende Perspektive. Die **beschreibende Perspektive** definiert sich vornehmlich durch die Frage: Welche Beziehung besteht zwischen objektiven physikalischen Reizeigenschaften und subjektiven Empfindungen? In der **erklärenden Perspektive** werden indessen kognitive Prozesse formuliert, die die Wahrnehmung zusätzlich zu den Reizeigenschaften kausal beeinflussen. Dadurch wird beispielsweise der Umstand berücksichtigt, dass nicht nur Reize in das Wahrnehmungssystem aufgenommen werden und zugehörige psychische Reaktionen auslösen (man spricht in diesem Zusammenhang von Bottom-up-Verarbeitung), sondern dass diese Informationen zusätzlich durch das Wahrnehmungssystem aktiv beeinflusst werden; diese Top-down-Bearbeitung bestimmt ebenfalls den subjektiven Wahrnehmungseindruck. Einen plastischen Eindruck dazu erhält man bei der Betrachtung sogenannter Kippbilder, bei denen es von Zeit zu Zeit zu einem deutlichen „Umschlagen" des Wahrnehmungseindrucks kommt, obwohl der äußere Reiz unverändert bleibt (Abb. 2.1).

© Springer-Verlag GmbH Deutschland, ein Teil von Springer Nature 2019
T. Strobach und M. Wendt, *Allgemeine Psychologie,* Was ist eigentlich …?,
https://doi.org/10.1007/978-3-662-57570-3_2

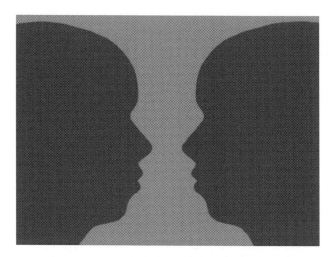

**Abb. 2.1**  Beispiel für ein Kippbild bei dem entweder zwei Köpfe oder eine Vase gesehen werden kann. (Mod. nach Rubin 1921/2001, © 2001 from Visual Perception by S. Yantis. Reproduced by permission of Taylor and Francis Group, LLC, a division of Informa plc)

## 2.1    Beschreibende Perspektive

Die Beschreibung des Zusammenhangs zwischen physikalischen Reizen und subjektiven Wahrnehmungseindrücken wird im Kontext der **Psychophysik** in Form von Transformationsprozessen und der Beschreibung dieser Prozesse vorgenommen. Genauer untersucht die Psychophysik nach Fechner (1860) den Zusammenhang zwischen physikalischen Größen einer Reizdimension (z. B. die Lautstärke von Tönen in Dezibel) und der psychisch empfundenen Intensität dieser Dimension (z. B. die Lautheit von Tönen). Der erste Schritt kann in der Untersuchung von Wahrnehmungsschwellen gesehen werden. Die **Absolutschwelle** gibt an, ab welcher minimalen Größe ein Reiz eben merklich wahrgenommen wird. Dagegen gibt die **Unterschiedsschwelle** an, welcher eben merkliche physikalische Unterschied zur psychischen Unterscheidbarkeit von zwei Ausprägungen einer Dimension führt. Verschiedene theoretische Ansätze und Messverfahren führten zur Formulierung unterschiedlicher Zusammenhänge zwischen der Intensität eines Reizes und der zugehörigen Stärke der (Wahrnehmungs-)Empfindung einer gegebenen Reizdimension (sogenannte psychophysische Funktionen).

Eine weitere beschreibende wahrnehmungspsychologische Richtung ist die **Gestaltpsychologie**. Sie stellt im Prinzip eine Gegenströmung zur Psychophysik dar. In der Psychophysik wird Wahrnehmung zu ihrer Untersuchung in isolierte, elementare Einzelempfindungen zerlegt. Allerdings besteht Wahrnehmung in unserer realweltlichen Umwelt aus dem Zusammenspiel und der Wechselwirkung von verschiedenen elementaren Empfindungen. Der Wahrnehmungseindruck lässt sich dabei, wie die Gestaltpsychologie in vielfältiger Weise zeigen konnte, nicht aus den Merkmalen isolierter sensorischer Empfindungen ableiten; Wahrnehmung ist somit mehr als die Summe einzelner Teile. Diese Annahme betont, dass einzelne Empfindungen in verschiedener Weise miteinander interagieren können, deshalb beschreibt die Gestaltpsychologie vor allem die Rolle von Ganzheiten (d. h. Gestalten) in der Wahrnehmung. Ein populäres Gestaltbeispiel sind Kanisza-Vierecke. Obwohl die Reizanordnung kein Viereck enthält, führt die spezifische Konfiguration der einzelnen Elemente zur Wahrnehmung eines solchen (Abb. 2.2).

Die Gestaltpsychologie untersucht somit die Gesetzmäßigkeiten, nach denen sich der Wahrnehmungseindruck organisiert. Das zentrale Gesetz ist die Wahrnehmungsorganisation nach dem **Prägnanzprinzip**. Nach diesem Prinzip setzt sich von mehreren Möglichkeiten der Organisation stets diejenige Ordnung durch, die die einfachste, einheitlichste, stabilste oder auch „beste" Gestalt ergibt. Obwohl sehr vage formuliert, resultiert aus diesem Prinzip eine Reihe von Gesetzen, welche spezifische Realisierungen des Prägnanzprinzips darstellen. Die populärsten sind in Abb. 2.3 dargestellt.

**Abb. 2.2** Darstellung eines Kanisza-Vierecks. (Mod. nach Goldstein 1997)

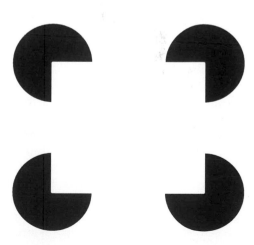

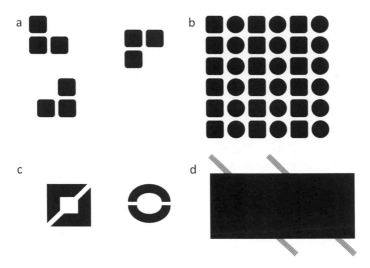

**Abb. 2.3** Darstellung von Gestaltgesetzen nach dem Prägnanzprinzip. **a** Objekte werden nach dem Gesetz der Nähe gruppiert, **b** Objekte werden nach dem Gesetz der Ähnlichkeit gruppiert, **c** Objekte werden nach dem Gesetz der Geschlossenheit vervollständigt, **d** Objekte werden nach dem Gesetz der Kontinuität vervollständigt. (Mod. nach Gobet et al. 2011, © McGraw-Hill)

## 2.2   Erklärende Perspektive

Es ist das Ziel der erklärenden Perspektive, Theorien und Modelle sowie kausale Erklärungen dafür zu liefern, wie visuelle Informationen über verschiedene Stufen hinweg im Wahrnehmungssystem aktiv bearbeitet werden. Wir werden Mechanismen der wahrnehmungspsychologischen Informationsverarbeitung beispielhaft im Kontext der Erkennung dreidimensionaler Objekte und Irving Biedermans **Recognition-by-Components-Theorie** sowie Theorien zur Erkennung von Gesichtern betrachten.

In der Recognition-by-Components-Theorie von Biederman (1987) geht man von einer begrenzten Menge elementarer geometrischer Komponenten (sogenannte **Geons**) aus. Durch diese Geons lassen sich zumindest grobe Formen bekannter Objekte zusammensetzen. In Abb. 2.4 ist eine Auswahl von Geons und Beispiele ihrer offensichtlichen Kombinationen in erkennbaren Objekten illustriert. Im Kontext der Recognition-by-Components-Theorie wird angenommen, dass sowohl die Repräsentation eines aktuell wahrgenommenen Objekts als auch

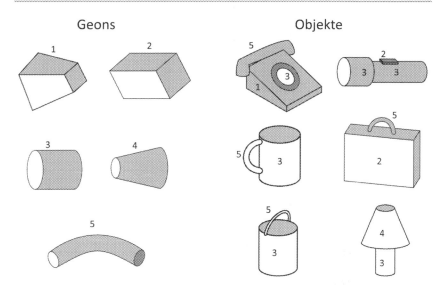

**Abb. 2.4** Geons (1 bis 5) und deren Kombinationen in erkennbaren Objekten. (Mod. nach Biederman 1987, Copyright © 2003 by the American Psychological Association. Reproduced with permission. The use of APA information does not imply endorsement by APA)

die dazugehörige Gedächtnisrepräsentation aus räumlichen Anordnungen der relevanten Geons bestehen.

Eine zentrale Vorhersage von Biedermans Theorie ist, dass Objekterkennung maßgeblich davon abhängig ist, ob Geons erkennbar oder nicht erkennbar sind. Biederman (1987) untersuchte diese theoretische Vorhersage anhand von fragmentarischen Strichzeichnungen, die eine Rekonstruktion der beteiligten Geons gut oder weniger gut erlaubten. Empirische Ergebnisse zeigten, dass Versuchspersonen die Objekte mit rekonstruierbaren Geons nahezu perfekt erkannten. Dagegen war die Erkennung deutlich beeinträchtigt, wenn Geons nicht rekonstruierbar waren. Diese Ergebnisse legen nahe, dass auch das Erkennen realer Objekte auf der Identifikation der sie konstituierenden Geons basiert.

Eine besondere Klasse von Objekten im Bereich der Objekterkennung sind menschliche Gesichter. Ihnen kann eine große Menge von Informationen entnommen werden, z. B. Geschlecht, Alter, ethnische Zugehörigkeit, emotionaler Zustand und gesundheitlicher Status (Bruce und Young 1986; Calder et al. 2011). Zudem sind wir in der Lage, eine enorme Anzahl verschiedener Gesichter zu unterscheiden, trotz ihrer hohen strukturellen Ähnlichkeit (d. h. alle Gesichter kombinieren die Elemente Auge, Nase, Mund etc. in gleicher räumlicher Weise). Vielfältig diskutiert wurde die Fragestellung, ob Gesichter im Vergleich zu anderen Objekten besondere wahrnehmungspsychologische Eigenschaften besitzen.

Das Phänomen der **Prosopagnosie** ist ein erster Befund, der für eine Besonderheit von Gesichtern in der Objekterkennung spricht (Damasio et al. 1982; McNeil und Warrington 1993). Prosopagnosie tritt durch bestimmte Hirnschädigungen auf und geht mit dem selektiven Verlust der Fähigkeit der Gesichtsidentifikation einher, wobei das Erkennen anderer Objektklassen weitgehend intakt bleibt. Des Weiteren zeigt sich in neuropsychologischen Verfahren, mit denen die neuronale Verarbeitungsaktivität bei Aufgabenbearbeitungen untersucht wird, dass bei Personen ohne Prosopagnosie das Erkennen von Gesichtern im Vergleich zu anderen Objektklassen (z. B. Häuser) mit einer erhöhten Aktivität und einem spezifischen Aktivierungsmuster im Gyrus fusiformis, einem Kortexareal, einhergeht (Haxby et al. 2001). Eine weitere Besonderheit der Gesichtserkennung deutete sich bereits in den ersten experimentellen Studien an. Die hohe Genauigkeit der Identifikationsleistung fällt deutlich reduziert aus, wenn Gesichter in einer weniger typischen, invertierten Orientierung („auf dem Kopf stehend") präsentiert werden. Diese Reduktion (d. h. **Inversionseffekt**) kann man in dieser Ausprägung nicht in anderen Objektklassen finden (Yin 1969).

Ausführlich diskutiert wurden auch die Fragen, wie spezifisch die wahrnehmungspsychologischen Besonderheiten für Gesichter sind und ob es diese Besonderheiten auch in anderen Objektklassen gibt. Als ein gemeinsames und entscheidendes Kriterium über verschiedene Objektklassen hinweg wurde ein hohes Ausmaß an Erfahrung und Leistungsniveau (d. h. Expertise) der betrachtenden Personen angeführt. Beispielsweise zeigte sich eine vergleichbare Aktivitätserhöhung im Gyrus fusiformis bei Experten für Autos, für Vögel oder für Schachpositionen, wenn ihnen entsprechende Reize präsentiert werden (Bilalić 2016; Gauthier et al. 2000). Konsistent mit diesen Befunden fand sich nach ausgiebigem Training des Erkennens von Fantasiefiguren (sogenannten Greebles) eine ähnlich starke Aktivierung des Gyrus fusiformis für diese Objektklasse wie beim Erkennen von Gesichtern (Gauthier et al. 1999). Des Weiteren zeigt sich ein ähnlicher Inversionseffekt beim Erkennen von Gesichtern von Menschen und Hunden bei Hundeexperten (Diamond und Carey 1986). Ein Inversionseffekt dieser Art tritt bei Personen ohne „Hunde"-Expertise ausschließlich bei menschlicher Gesichtserkennung auf, aber nicht bei der Hundeerkennung. Die Besonderheiten der Gesichtserkennung (z. B. Inversionseffekt, Aktivität im Gyrus fusiformis) sind somit nicht unbedingt auf die spezifische Objektklasse „Gesichter" begrenzt, sondern scheinen generalisierbar zu sein, auch bezogen auf andere Objektklassen, für welche eine außergewöhnliche Expertise vorliegt.

**Zusammenfassung**

Die Wahrnehmungspsychologie untersucht die psychischen Prozesse, die mit der Aufnahme von Informationen aus unserer Umwelt, deren interne Repräsentation und dem Bereitstellen für die Weiterverarbeitung assoziiert sind. Dabei kann eine beschreibende und eine erklärende Perspektive eingenommen werden.

# Aufmerksamkeit

Was ist Aufmerksamkeit? Laut James (1890) handelt es sich um

> … the taking possession by the mind, in clear and vivid form, of one out of what seem several simultaneously possible objects or trains of thought. Focalization, concentration, of consciousness are of its essence. It implies withdrawal from some things in order to deal effectively with others, and is a condition which has a real opposite in the confused, dazed, scatter-brained state which in French is called distraction, and Zerstreutheit in German.

Den vielleicht wichtigsten Aspekt fasst Driver (2001) in einer neueren Aussage wie folgt zusammen:

> Research on attention is concerned with selective processing of incoming sensory information. To some extent, our awareness of the world depends on what we choose to attend, not merely on the stimulation entering our senses.

Diesen Charakterisierungen von Aufmerksamkeit ist gemein, dass sie Aufmerksamkeit als (1) einen Prozess zur **selektiven Fokussierung** auf relevante Reize unter der Missachtung von irrelevanten Reizen sehen und dass (2) diesem Prozess nur eine begrenzte Verarbeitungskapazität zugestanden wird. Es kann also nicht alles zugleich fokussiert und beachtet werden.

Die genaue Funktion der Aufmerksamkeit lässt sich am besten durch wichtige Fragen in diesem Bereich darstellen: Wie ist es möglich, die Aufmerksamkeit, trotz einer Fülle von Umweltreizen, selektiv auf einen relevanten Ausschnitt innerhalb dieser Reize zu fokussieren? Wie kann es passieren, dass gut wahrnehmbare Reize in der Umwelt verpasst werden oder zumindest nur äußerst schwer zu bemerken sind? Warum passiert das vornehmlich dann, wenn wir zwei Aufgaben simultan bearbeiten? In diesem Abschnitt beschäftigen wir uns also

© Springer-Verlag GmbH Deutschland, ein Teil von Springer Nature 2019
T. Strobach und M. Wendt, *Allgemeine Psychologie,* Was ist eigentlich …?,
https://doi.org/10.1007/978-3-662-57570-3_3

damit, wie Aufmerksamkeit selektiv auf bestimmte Reize ausgerichtet werden kann. Außerdem interessiert uns, welche Charakteristika Aufmerksamkeit hat, wenn mehr als eine Aufgabe gleichzeitig ausgeführt werden muss und damit die Aufmerksamkeit geteilt ist.

## 3.1 Selektive Aufmerksamkeit

Ständig wirkt eine Vielzahl von Reizen auf unser Wahrnehmungssystem ein. Allerdings wird nur ein kleiner Ausschnitt dieser Reizmenge als bedeutungsrelevante Information bewusst selektiert und für eine Weiterverarbeitung zur Verfügung gestellt. Diese Weiterverarbeitung ermöglicht beispielsweise, die inhaltliche Bedeutung von Reizen zu analysieren und damit potenzielle (Handlungs-)Interaktionen mit unserer Umwelt zu initiieren. Eine eindrucksvolle Demonstration von selektiver Aufmerksamkeit zeigten Simon und Chabris (1999). Sie präsentierten ihren Versuchspersonen ein Video, in dem sich zwei Dreierteams, eines in schwarzen, eines in weißen T-Shirts, umeinander bewegten und einen Basketball zuspielten. Die Versuchspersonen waren instruiert, eine bestimmte Art von Pässen zu zählen, beispielsweise alle Pässe des schwarzen Teams. Dies gelang fast allen Versuchspersonen problemlos. Etwa die Hälfte der Versuchspersonen bemerkte dabei allerdings nicht, dass kurze Zeit nach Beginn des Videos eine Figur in einem Gorillakostüm durch das Bild marschierte, selbst dann, wenn sich ihr Blick für etwa eine Sekunde auf die Gorillafigur richtete (Memmert 2006). (Das erwähnte „Gorilla"-Video und weitere Materialien sind unter http://www.theinvisiblegorilla. com/videos.html#studyvids zu finden.) Das Phänomen, das als Inattentional Blindness bezeichnet wird, zeigt, dass die Ausrichtung der Aufmerksamkeit auf eine Teilmenge der vorhandenen Reizinformationen es schwierig macht, selbst auffällige, ungewöhnliche Ereignisse wahrzunehmen.

In der Literatur gibt es verschiedene Theorien, die beschreiben, durch welche Mechanismen relevante Informationen selektiert und irrelevante Informationen von dieser Selektion ausgeschlossen werden. Der klassische Ansatz stammt von Donald Broadbent (1958) und wird als **Filtertheorie der frühen Selektion** bezeichnet. Diese Theorie erklärt die Aufmerksamkeitsselektion und -filterung durch einen frühen wahrnehmungsnahen Filter. Der bekannteste Befund zum Nachweis dieser frühen Selektion findet sich im **Paradigma des dichotischen Hörens** (Cherry 1953). Dieses Paradigma sieht wie folgt aus: Dem linken und dem rechten Ohr einer Versuchsperson wird per Kopfhörer gleichzeitig je ein gesprochener Text präsentiert. Die Instruktion in diesem Paradigma ist zunächst, einen der Texte (z. B. den Text auf dem linken Ohr) zu beachten und zu „beschatten", d. h., ihn laut nachzusprechen. Dieses Nachsprechen wird von den Versuchspersonen subjektiv als relativ einfach eingeschätzt, der beschattete Text kann fehlerfrei nachgesprochen werden und die Versuchspersonen können gewöhnlich den Inhalt des Textes auf dem beschatteten Ohr wiedergeben. Viel interessanter ist aber nun, welche Anteile des nicht beschatteten Textes (z. B. der Text auf dem rechten Ohr) die Versuchspersonen wiedergeben können. Hier beschränkt sich die Leistung zumeist auf oberflächliche Merkmale und Veränderungen, welche das physikalische Reizspektrum betreffen (z. B. Wechsel des Geschlechts der Stimme, Wechsel von einem gesprochenen Text zu einem 400-Hertz-Ton). Demgegenüber können keine zuverlässigen inhaltlichen Angaben gegeben werden. So bemerken Versuchspersonen in der Regel nicht, wenn ein Sprecher in verschiedenen Sprachen (z. B. Englisch und Deutsch) spricht oder wenn die gesprochenen Texte vorwärts oder rückwärts präsentiert werden. Aus diesem Ergebnismuster resultiert die Annahme, dass wahrnehmungsnahe und damit früh verfügbare Informationen für die Filterung der Aufmerksamkeit zuständig sind, inhaltliche und damit aus späteren Transformationen hervorgehende Informationen dagegen nicht. Broadbent (1958) nahm an, dass dieser frühe Filter der Aufmerksamkeit anhand wahrnehmungsnaher Eigenschaften nach paralleler Wahrnehmung notwendig ist, um ein kapazitätslimitiertes, seriell ablaufendes Verarbeitungssystem jenseits des Filters vor Überlastung zu schützen. Jenseits des Filters findet die gründliche, bewusste und inhaltliche Verarbeitung durch höhere kognitive Prozesse statt (Abb. 3.1).

Weitergehende Untersuchungen zeigten aber, dass die starken Annahmen der Filtertheorie der frühen Selektion nicht aufrechterhalten werden können – zum Glück, man stelle sich vor, dass lebenswichtige Nachrichten (z. B. Hilferufe,

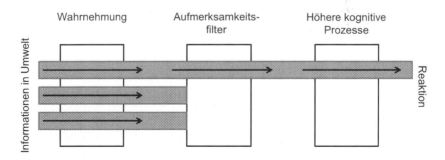

**Abb. 3.1** Illustration der Filtertheorie der frühen Selektion der Aufmerksamkeit mit paralleler Wahrnehmung und seriellem Aufmerksamkeitsfilter und höheren kognitiven Prozessen. (Mod. nach Gobet et al. 2011, © McGraw-Hill)

Feueralarm) schlicht nicht durch den frühen Filter gelangen und weiterverarbeitet werden könnten. Verschiedene Befunde führten zur Revision der Theorie. Die erste Revision ist die **Attenuationstheorie** von Anne Treisman (1960). Diese Theorie geht davon aus, dass eingehende Reize nicht nach einem „Alles-oder-Nichts-Prinzip" hinsichtlich ihrer wahrnehmungsnahen Eigenschaften gefiltert werden, sondern dass die Weiterleitung von nicht beachteten Informationen lediglich abgeschwächt oder abgedämpft (engl. „attenuated") erfolgt. Es wird hier also ein „Mehr-oder-Weniger-Prinzip" der frühen Selektion angenommen. Somit können immerhin auch nicht beachtete, aber wichtige Reize (z. B. Hilferufe) durch den Aufmerksamkeitsfilter gelangen.

Im Gegensatz zu Theorien der frühen Selektion haben Deutsch und Deutsch (1963) ein anderes Extrem in der Verortung eines Aufmerksamkeitsfilters mit der **Filtertheorie der späten Selektion** vorgeschlagen: Die Aufmerksamkeitsselektion erfolgt hier im Verlauf des Verarbeitungsstromes erst sehr spät (z. B. auf einer Gedächtnisebene). Diese Art der späten Aufmerksamkeitsselektion bedeutet, dass alle eingehenden Informationen (egal ob sie später beachtet oder nicht beachtet werden) zunächst auf einer Wahrnehmungsstufe verarbeitet werden, um dann vollständig einer zentralen Verarbeitungsstufe zur Abspeicherung im Gedächtnis, zur Erschließung von Bedeutung oder zur Bestimmung einer motorischen Reaktion zugeführt zu werden. Nach der Filtertheorie der späten Selektion erfolgt eine Weiterverarbeitung dann nur für jene Informationen, die für eine aktuelle Aufgabe oder Situation inhaltlich am relevantesten sind.

Infolge der theoretischen Kontroverse bezüglich des Ortes der Aufmerksamkeitsfilterung (d. h. die Debatte um eine frühe versus späte-Selektion) gibt es in neuerer Zeit den Vorschlag, dass es für das Filtern gar keinen festen Ort in der Abfolge der Verarbeitungsschritte gibt. Stattdessen wird ein flexibler Ort der Filterung angenommen. Nilli Lavie (1995, 2005) ging bei dieser Flexibilität davon aus, dass beispielsweise die Anforderung der Aufgabensituation diese Verortung mitbestimmt. Es wird dabei schon recht früh ein wahrnehmungsnaher Aufmerksamkeitsfilter gesetzt. Alle irrelevanten Informationen werden dann herausgefiltert, wenn eine Situation komplex ist und sehr viele Reize beinhaltet, die gefiltert werden müssen. Ist eine Situation hingegen weniger komplex und hat sie weniger Reize, kann auch mehr aufgenommen werden und es wird erst spät bezogen auf die bedeutungsbezogene Relevanz gefiltert.

Neben der Frage nach dem Aufmerksamkeitsfilter und seinem Ort in der Verarbeitung stellt die Forschung speziell zur visuellen Aufmerksamkeit die Frage, worauf sich unsere visuelle Verarbeitung richtet. Zunächst erscheint es naheliegend, dass sich Aufmerksamkeit auf bestimmt Orte in unserer Umwelt ausrichtet. Die Annahme **ortsbezogener Aufmerksamkeit** führte zur Formulierung der einflussreichen Spotlight- oder Lichtkegel-Metapher der visuellen Aufmerksamkeit (Posner 1980; Posner et al. 1980). Dieser Konzeption zufolge tastet die visuelle Aufmerksamkeit einen bestimmten Ort in der Umwelt ab, und die Reize an diesem Ort werden gründlich visuell verarbeitet. Wesentliche Befunde stammen aus dem sogenannten **Spatial-Cueing-Paradigma**. Dabei bekommen Versuchspersonen kurz einen ortbasierten Hinweisreiz präsentiert, der die potenzielle Position eines nachfolgenden relevanten Zielreizes anzeigt. Allerdings zeigt der Hinweisreiz nicht immer valide den richtigen Ort an, sondern kann manchmal auch invalide auf einen falschen Ort hinweisen. Viele Studien haben sehr konsistent gezeigt, dass Reaktionen unter der validen Bedingung im Vergleich zur invaliden Bedingung schneller erfolgen. Diese Beschleunigung ist ein empirischer Beleg dafür, dass Aufmerksamkeit gezielt auf den angekündigten Ort ausgerichtet wird.

Nachfolgende Modelle haben die ortsbasierte, visuelle Aufmerksamkeit weiter spezifiziert. So ist Aufmerksamkeit innerhalb eines Fokus nicht immer gleich verteilt, sondern im Sinne eines **Gradientenmodells** (LaBerge 1983) zu verstehen. Bei diesem Modell wird angenommen, dass die Konzentration der Aufmerksamkeit und ihre Auflösungskraft innerhalb einer fokussierten Region vom Maximum im Zentrum zur Peripherie hin abfällt. Neben der ortsbasierten Aufmerksamkeit wurden außerdem Ansätze diskutiert, nach denen Aufmerksamkeit objekt- und merkmalsbasiert fokussiert wird. Das heißt, dass die Aufmerksamkeit auf bestimmte Objekte an einem Ort (z. B. auf einen Spieler auf einem Fußballfeld) beziehungsweise auf bestimmte Objektmerkmale (z. B. die Farbe der Trikots einer Mannschaft) ausgerichtet ist.

## 3.2 Geteilte Aufmerksamkeit

Was aber passiert, wenn die Situation keine dauerhafte Fokussierung auf nur eine Reizquelle erlaubt, weil verschiedene Aufgaben, welche verschiedene Informationen benötigen, zu bewältigen sind? Ist es möglich, zwei Aufgaben komplett parallel, simultan und störungsfrei ausführen zu können?

Der zentrale Indikator für alle Modelle im Kontext der Doppelaufgabenforschung sind die **Doppelaufgabenkosten**. Die Doppelaufgabenkosten ergeben sich aus einem Vergleich der Leistung in Situationen mit simultanen Aufgaben und der Leistung dieser Aufgaben, wenn sie isoliert und getrennt voneinander in Einzelaufgabensituationen ausgeführt werden. Typische Doppelaufgabenkosten sind längere Reaktionszeiten und/oder höhere Fehlerraten unter Doppelaufgabenbedingungen.

Im Kontext von Aufgaben mit unterschiedlichen Schwierigkeiten wurden vor allem Modelle mit einer graduellen Verteilung einer zentralen Kapazität getestet (Theorien zentraler Kapazität; Kahneman 1973). Obwohl die zentrale Kapazität begrenzt ist und somit zu Beeinträchtigungen in Situationen mit simultanen Aufgaben führen kann, gehen Modelle mit dieser graduellen Kapazität davon aus, dass zwei Aufgaben die zentrale Kapazität grundsätzlich parallel belegen können, aber eben nur mit graduell variierenden Anteilen, ein Mehr oder Weniger also. Detailliert betrachtet gehen Modelle gradueller Kapazitätsbegrenzungen davon aus, dass für das Funktionieren kognitiver Prozesse eine Aufmerksamkeitskapazität existieren muss, die als eine Art „Treibstoff" zum effizienten Ausführen des jeweiligen Prozesses notwendig ist. Liegt die Kapazitätsversorgung des Prozesses unterhalb eines kritischen Niveaus, z. B. wenn eine zweite Aufgabe simultan ausgeführt wird, dann sinkt die Leistung, d. h. die Reaktionszeiten und/oder die Fehlerraten steigen an. Je schwieriger eine Aufgabe ist, desto größer ist ihr Bedarf an der zentralen Aufmerksamkeitskapazität. Werden nun zwei schwierige Aufgaben gleichzeitig ausgeführt, dann muss die verfügbare Kapazität der Aufmerksamkeit geteilt werden und die Doppelaufgabenkosten sind höher als in einer Aufgabensituation, in der zwei leichte Aufgaben miteinander kombiniert werden. Neben der Aufgabenschwierigkeit ist auch die Ähnlichkeit zwischen Aufgaben zu betrachten – Doppelaufgabenkosten fallen oftmals für ähnlichere Aufgaben höher aus. Dies lässt sich plausibel mit der Annahme verschiedener, hoch spezialisierter Verarbeitungskapazitäten (Wickens 2002) erklären, nach der es zu umso größeren Leistungseinbußen kommt, je stärker die gemeinsam auszuführenden Aufgaben auf dieselben Verarbeitungsressourcen zurückgreifen.

Die bisher diskutierten Modelle gehen bei der Kapazitätsbegrenzung des Aufmerksamkeitssystems davon aus, dass die simultane Ausführung von Aufgaben zwar schwierig sein kann und zu Doppelaufgabenkosten führt, aber das simultane Ausführen von zwei Aufgaben prinzipiell möglich ist. Einfacher gesagt: Der Mensch ist multitaskingfähig! Gegen diese Fähigkeit stehen aber Ergebnisse aus Doppelaufgabensituationen mit gut kontrollierbaren einfachen Wahlreaktionsaufgaben (z. B. in Aufgabe 1 wird entweder ein tiefer oder ein hoher Ton präsentiert und die verbalen Reaktionen sind „tief" bzw. „hoch"; in Aufgabe 2 werden die Buchstaben A oder B visuell präsentiert, und es werden manuelle Tastendruckreaktionen gegeben). Diese Ergebnisse legen nahe, dass der Mensch nicht multitaskingfähig ist, sondern dass zumindest bestimmte Bearbeitungsschritte nicht in beiden Aufgaben gleichzeitig ausgeführt werden können. Die prominente Theorie des zentralen Flaschenhalses („**central bottleneck model**"; Pashler, 1994) schließt eine parallele Auswahl der Antworthandlungen auf zwei verschiedene Reize aus und nimmt eine strikte Serialität dieser Prozesse an.

## Zusammenfassung

Die Untersuchung der Aufmerksamkeit beschäftigt sich mit der selektiven Verarbeitung wahrgenommener Informationen in einer begrenzten Verarbeitungskapazität. Wir haben dabei die selektive und die geteilte Aufmerksamkeit betrachtet.

# Lernen

**4**

Organismen verändern ihr Verhaltensrepertoire in diverser Weise in Abhängigkeit von den Erfahrungen, die sie machen. Ein großer Teil der Lernforschung hat sich im Kontext des Behaviorismus mit dem assoziativen Lernen beschäftigt, bei dem mentale Verbindungen zwischen Reizereignissen, zwischen Reizereignissen und Reaktionen oder zwischen Reaktionen und Konsequenzen hergestellt werden. Diese assoziativen Lernformen wurden in der klassischen und operanten Konditionierung betrachtet. Des Weiteren wurde in der Lernpsychologie das Beobachtungslernen beschrieben.

## 4.1 Klassische Konditionierung

Die Entdeckung des assoziativen Lernphänomens der **klassischen Konditionierung** geht auf Ivan Pawlow (1848–1936) zurück. Pawlow untersuchte die Verdauungsprozesse von Hunden und erfasste unter anderem die Speichelabsonderung der Tiere, wenn ihnen Fleischpulver ins Maul gegeben wurde. Nach einigen solcher Fütterungen ließ sich die Speichelabsonderung schon vor der Gabe des Futters feststellen. Dabei genügte es, dass der Versuchsleiter, der das Futter brachte, ins Blickfeld der Tiere trat.

Zur Ergründung dieses Phänomens wurden verschiedene andere Reizereignisse im Vorfeld des Fütterns dargeboten, z. B. wurde immer kurz vor der Fütterung eine Glocke geläutet. Auch in diesen Fällen erfolgte schon nach wenigen gepaarten Darbietungen von Futter und anderen Reizereignissen eine Speichelreaktion vor der Verabreichung des Futters, und das Speicheln der Tiere war umso stärker, je häufiger die Paarung des Reizereignisses mit der Futtergabe erfolgte. In der Terminologie der klassischen Konditionierung lässt sich das Phänomen wie

folgt formulieren: Eine **unkonditionierte Reaktion** (engl. „unconditioned response", UR, z. B. Speichelfluss), die reflexhaft auf einen **unkonditionierten Reiz**
(engl. „unconditioned stimulus", US, z. B. Futter) folgt, lässt sich durch einen
quasi beliebigen Reiz (z. B. Glockenton) auslösen, der einige Male gemeinsam
mit dem US dargeboten wurde. Ein ursprünglich neutraler Reiz wurde zu einem
**konditionierten Reiz** (engl. „conditioned stimulus", CS), der eine **konditionierte Reaktion** (engl. „conditioned response", CR) hervorruft. Ähnliche
Beobachtungen bei verschiedenen Organismen mit einer Vielfalt von Reizen und
Reaktionen haben gezeigt, dass es sich bei der klassischen Konditionierung um
einen sehr weit verbreiteten Lernmechanismus handelt.

Ein typisches Experiment zur klassischen Konditionierung enthält eine
Phase des Lernerwerbs, in welcher der CS (beziehungsweise der neutrale Reiz
zu Beginn) wiederholt in zeitlicher Nähe mit einem US dargeboten wird. Mit
zunehmender Anzahl der CS/US-Paarungen bildet sich eine immer stärkere
CR aus, wobei der Anstieg der CR-Stärke immer geringer ausfällt – der Lern-
effekt ist also zu Beginn der Lernphase am größten. An die Erwerbsphase kann
eine weitere Phase angeschlossen werden, in der der CS wiederholt ohne den
US dargeboten wird. Dies führt in der Regel zum Rückgang der Stärke der CR,
bis sie bei ausreichend häufiger alleiniger Darbietung des CS völlig ausbleibt.
Verschiedene Indikatoren deuten allerdings darauf hin, dass diese **Extinktion**
(Löschung) des zuvor erlernten Verhaltens nicht bedeutet, dass sich der Organismus wieder in dem Zustand befindet, in dem er sich vor der Konditionierung
befand. Beispielsweise erfolgt eine abermals durchgeführte Konditionierung
mit derselben CS/US-Paarung in der Regel schneller als die zuerst durchgeführte. Zudem zeigt sich nach dem Verstreichen eines gewissen Zeitraums nach
Extinktion ohne Reizdarbietung, dass die erneute Präsentation des CS wieder eine
(wenn auch vergleichsweise geringe) UR auslöst. Diese sogenannte **Spontan-
erholung** zeigt, dass das Lernergebnis der Konditionierung nicht vollständig aus-
gelöscht wurde.

Eine einmal erworbene CR ist nicht an die Darbietung des spezifischen, in
der Lernphase verwendeten CS gebunden. Vielmehr ergibt sich eine **Generalisierung** auf ähnliche Reize. Bereits Iwan P. Pawlow konnte zeigen, dass sich eine
auf eine Stimulation des Oberschenkels konditionierte Speichelreaktion auch
durch Stimulation anderer Körperteile auslösen ließ, wobei die Stärke der CR
mit zunehmendem Abstand vom Oberschenkel abnahm. Siegel et al. (1968) fanden darüber hinausgehend sogenannte **Generalisierungsgradienten**, nachdem sie
Lidschlussreaktionen (CR) auf einen Ton (CS) einer bestimmten Frequenz (z. B.
1.000 Hertz) konditionierten. In einer anschließenden Testphase wurden dann
neben dem ursprünglich CS auch Töne anderer Frequenz dargeboten. Auch für

**Abb. 4.1** Lernverläufe für einen immer gemeinsam mit einem US auftretenden CS+ und einem dem CS+ ähnlichen Reiz CS-, der wiederholt ohne US dargeboten wird. Nach einer anfänglichen Generalisierung kommt es zum Diskriminationslernen

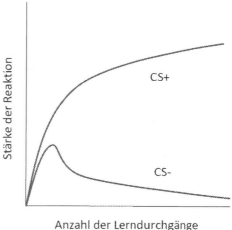

diese Töne trat die CR auf, und zwar umso stärker, je näher die Tonfrequenz an der Frequenz des ursprünglichen CS lag. Der Tendenz zur Verallgemeinerung eines gelernten Verhaltens auf ähnliche Reizsituationen kann dadurch entgegengewirkt werden, dass in der Erwerbsphase ein dem CS ähnlicher Reiz wiederholt ohne US dargeboten wird (während der CS immer mit dem US einhergeht). In diesem Fall verschwindet die CR auf den dem CS ähnlichen Reiz nach einer anfänglichen Generalisierungsphase. Abb. 4.1 zeigt den idealisierten Verlauf der Reaktionsstärke eines solchen **Diskriminationslernens**.

---

**Box 2: Praxisrelevanz der klassischen Konditionierung**

Beispiele für die Bedeutung der klassischen Konditionierung im Alltagsleben reichen von Paarungen der Darstellung von käuflich zu erwerbenden Produkten und Markennamen mit Reizen, die mit einer positiven Stimmung assoziiert sind, bis zur Auslösung von Asthmaanfällen durch nicht-allergene Reize, welche zuvor mit allergenen Reizen gepaart auftraten. Eine besonders gewichtige Wirkung bezieht sich dabei auf das Phänomen der **Drogentoleranz**. Als Drogentoleranz bezeichnet man das bei vielfältigen Wirkstoffen beobachtbare Phänomen, dass die Wirkung einer Substanz mit zunehmender Einnahme abnimmt. Dies wird allgemein auf eine sogenannte kompensatorische Reaktion des Organismus zurückgeführt, d. h. auf bestimmte körpereigene Prozesse, die den durch

die Droge verursachten physiologischen Veränderungen entgegenwirken.
Vermutlich tritt eine derartige kompensatorische Reaktion nicht nur als
direkte Folge der Drogeneinnahme auf (als UR), sondern wird zudem auf
in der Einnahmesituation vorhandene Reize konditioniert (CR). Hierfür
spricht z. B., dass sich die durch Toleranzentwicklung verminderte Wirkung einer Droge durch einen Wechsel von einer gewohnten zu einer neuen
Umgebung, in der die Droge verabreicht wird, wieder erhöhen lässt. In
Übereinstimmung hiermit zeigten Untersuchungen an Heroinabhängigen,
dass sogenannte Überdosen vermutlich nicht nur auf eine ungewöhnlich
hohe Wirkstoffmenge zurückgehen, sondern auch durch Einnahme der
Droge unter ungewöhnlichen Bedingungen hervorgerufen werden können
(z. B. Siegel 2001).

Prinzipien der klassischen Konditionierung werden zudem gezielt
eingesetzt, beispielsweise in verhaltenstherapeutischen Ansätzen zur
Behandlung phobischer Angststörungen, welche die Lebensqualität der
Betroffenen gravierend beeinträchtigen können. Diverse Befunde deuten darauf hin, dass bei der Entstehung von Phobien die Paarung zwischen
einem ursprünglich neutralen Reiz mit einem stark angstauslösenden Ereig-
nis eine Rolle spielt, sodass der neutrale Reiz zum CS für den US Angst
wird. Zur Behandlung wurden verschiedene Techniken entwickelt, welche
auf dem Prinzip der **Gegenkonditionierung** beruhen. Dieses Prinzip besteht
in der Paarung des angstauslösenden Reizes mit einem mit dem Angst-
zustand unvereinbaren Zustand wie Entspannung. Eine weitere verhaltens-
therapeutische Maßnahme wird als **Aversionstherapie** bezeichnet. Hierbei
werden die mit einem unerwünschten Verhalten zusammenhängenden Reize
(z. B. Alkohol bei Alkoholsucht) mit einem eine unangenehme UR auslösenden US (z. B. ein Brechreiz hervorrufendes Mittel) gekoppelt.

Wurde klassische Konditionierung als passive Folge der Wahrnehmung des
gemeinsamen (oder zeitlich benachbarten) Auftretens von CS und US betrachtet,
so führten spätere Befunde zu einer stark veränderten Sichtweise. Diese Sichtweise kommt im folgenden Zitat eines der bedeutendsten Lernforscher pointiert
zum Ausdruck:

… in teaching undergraduates, I favor an analogy between animals showing Pavlovian conditioning and scientists identifying the cause of a phenomenon. If one
thinks of Pavlovian conditioning as developing between a CS and a US under just

those circumstances that would lead a scientist to conclude that the CS causes the
US, one has a surprisingly successful heuristic for remembering the facts of what it
takes to produce Pavlovian associative learning. (Rescorla 1988, S. 154)

Der Organismus erscheint hiernach nicht als bloßer „Apparat der Registrierung ver-
bundener Ereignisse". Vielmehr wird selbst die einfache Lernform der klassischen
Konditionierung zum Ergebnis einer „quasi-wissenschaftlichen Ursachensuche".

Ein unumstrittener Meilenstein psychologischer Forschung wird in der Model-
lierung der klassischen Konditionierung durch das Modell von Rescorla und
Wagner (1972) gesehen. In diesem Modell wird mit einer einzigen Formel, welche die Veränderung der Assoziationsstärke zwischen CS und US in jedem Lern-
durchgang beschreibt, die Phänomene des sich abschwächenden Lernverlaufs, der
Extinktion, der Auswirkung des Vorhersagewerts und noch weitere Phänomene
plausibel erklärt. Ein Überblick über die rasante Entwicklung weiterer Modelle
findet sich in Vogel et al. (2004).

## 4.2   Operante Konditionierung

Während in der klassischen Konditionierung die Reizdarbietung unabhängig vom
Verhalten des Versuchstieres oder der Versuchsperson erfolgt, bezieht sich die
sogenannte **operante Konditionierung** auf Lernphänomene, welche auftreten,
wenn das Verhalten des Versuchstieres/der Versuchsperson bestimmte Konsequenzen auslöst. Es geht demnach um Lernprozesse, die instrumentell genutzt
werden können, um die Umgebungsbedingungen zu beeinflussen.

Etwa zur gleichen Zeit, als Pawlow seine bahnbrechenden Experimente zur
klassischen Konditionierung durchführte, untersuchte Thorndike (1911) das
Lernverhalten verschiedener Tiere, indem er sie in einen Käfig sperrte, aus dem
sie sich durch die Betätigung eines bestimmten Mechanismus wie dem Ziehen
an einer Schlinge befreien konnten. Thorndikes allgemeine Beobachtung war,
dass sich kein abrupter Lernerfolg, sondern nur ein gradueller Erfolg einstellte.
Anfangs zeigte das Tier verschiedenste Verhaltensweisen wie Krallen und Bei-
ßen an den Gitterstäben. Irgendwann kam es zu einer Betätigung des Öffnungsmechanismus, und das Tier konnte den Käfig verlassen und an eine Portion Futter
gelangen. Wurde es daraufhin erneut in den Käfig gesetzt, so zeigte es keine
gezielte Wiederholung der Handlung, die zuvor zur Käfigöffnung geführt hatte.
Vielmehr verringerte sich der Zeitbedarf graduell, den das Tier für das Verlassen
des Käfigs benötigte, d. h., im Laufe wiederholter Versuche gelang es den Tieren,
kontinuierlich immer schneller zu entkommen. Der Lernerfolg der Tiere schien

damit nicht auf einer Einsicht hinsichtlich des zur Befreiung nötigen Verhaltens zu beruhen. In diesem Fall hätte man erwartet, dass sie ohne Aufschub zu seiner Betätigung schreiten würden, sobald sie die Funktionsweise des Öffnungsmechanismus erkannt hatten. Vielmehr erhöhte sich nach einer erfolgreichen Käfigöffnung lediglich die Wahrscheinlichkeit, das entsprechende Verhalten in kürzerer Zeit als zuvor auszuführen.

Zur Erklärung des beobachteten Lernverhaltens formulierte Thorndike das sogenannte **Gesetz des Effekts**, welches dazu führt, dass aus einer Fülle möglicher und aus irgendwelchen Gründen gezeigter Verhaltensweisen bestimmte Verhaltensweisen immer öfter zur Anwendung kommen:

Of several responses made to the same situation, those which are accompanied or closely followed by satisfaction to the animal will, other things being equal, be more firmly connected with the situation... (Thorndike 1911, S. 24)

Eine positive Konsequenz (z. B. eine Portion Futter) führt nach dieser Auffassung zur Stärkung der Assoziation zwischen der vor der Konsequenz gezeigten Verhaltensreaktion und den Reizgegebenheiten, unter denen dieses Verhalten erfolgte. Dadurch erhöht sich die Wahrscheinlichkeit des Auftretens dieses Verhaltens in der Zukunft unter denselben Reizbedingungen. Man spricht in diesem Fall von **Verstärkung** des Verhaltens und Verstärkungslernen.

Phänomene der Generalisierung lassen sich auch beim Verstärkungslernen beobachten. Die verstärkte Reaktion wird nicht nur unter identischen Reizbedingungen häufiger gezeigt, sondern auch unter ähnlichen wie denen, unter denen sie verstärkt wurde. Beispielsweise trainierten Guttman und Kalish (1956) Tauben, auf eine Taste zu picken, wenn diese Taste im Licht einer bestimmten Wellenlänge erschien. Ein unter diesen Umständen erfolgtes Picken wurde mit Futter verstärkt. In einer anschließenden Testphase erschien die Taste im Licht verschiedener Farbtöne, und es wurde jeweils die Anzahl der Pickreaktionen erhoben. Die häufigsten Reaktionen fanden sich, wenn dasselbe Licht wie in der Trainingsphase verwendet wurde. Aber auch andere Farbtöne führten zu einer klaren Erhöhung der Pickhäufigkeit, und zwar umso mehr, je ähnlicher sie der in der Trainingsphase verwendeten Wellenlänge waren (**Generalisierung**). Erfolgt eine Verstärkung eines Verhaltens hingegen nur unter spezifischen Reizbedingungen, so erhöht sich Auftretenswahrscheinlichkeit des Verhaltens selektiv für diese, nicht aber für ähnliche Reizbedingungen, unter denen es nicht verstärkt wurde (**Diskrimination**; z. B. Jenkins und Harrison 1962). Der adaptive Wert beider Phänomene, Generalisierung und Diskrimination, lässt sich kaum bestreiten. Das Erlernen einer Reaktion, die mit gewisser Wahrscheinlichkeit eine positive Konsequenz zeigt, ist wenig hilfreich, wenn sie immer nur unter exakt denselben Umgebungsbedingungen gezeigt wird, unter denen die Verstärkung erfahren wurde. Ebenso wenig zweckmäßig erscheint es, die Reaktion auch unter Bedingungen auszuführen, unter denen sie sich als nicht als gewinnbringend erwiesen hat.

---

**Box 3: Erwerb von Kunstkennerschaft bei Tauben**

Ein besonders originelles Beispiel für Generalisierungs- und Diskriminationsprozesse beim Verstärkungslernen stammt aus einer Studie von Watanabe et al. (1995). In einer ersten Phase ihres Experiments verstärkten die Wissenschaftler eine Pickreaktion einer Gruppe von Tauben selektiv, wenn ihnen ausgewählte Gemälde von Picasso gezeigt wurden, nicht aber bei Gemälden von Monet. Mit einer anderen Gruppe von Tauben wurde umgekehrt verfahren. In einer anschließenden Testphase zeigte sich, dass die Tauben die hierdurch gelernte Unterscheidung auf andere Bilder derselben Maler generalisierten, auch wenn sie diese nie zuvor gesehen hatten. Die Generalisierung ging so weit, dass die Tiere – ebenfalls zuvor nicht gesehene – Gemälde anderer Kubisten wie Braque mit der „Picasso-Reaktion", weitere impressionistische Gemälde von Cézanne und Renoir dagegen mit der „Monet-Reaktion" bedachten.

---

Auch Bewegungen, welche nicht spontan auftreten, lassen sich durch operante Konditionierung erwerben. Hierzu wird die Methode des **Shapings** verwendet. Betrachten wir als Beispiel eine Ratte, der beigebracht werden soll, sich zu einem in für sie beträchtlicher Höhe angebrachten Hebel zu strecken. Zunächst wird die Ratte an den Hebel herangeführt, indem jedwede Zuwendung in Richtung des Hebels (z. B. das Drehen des Kopfes in dessen ungefähre Richtung), verstärkt wird. Zeigt die Ratte ein stabiles Zuwendungsverhalten, so erfolgt die Verstärkung nur noch, wenn sie einen ersten Schritt in seine Richtung unternimmt, daraufhin nur noch, wenn sie sich in seine Nähe bewegt, und schließlich ausschließlich als Folge einer Hochstreckbewegung. Abstrakt gesprochen, macht man sich beim Shaping die natürliche Variabilität des Verhaltens eines Organismus zunutze, indem man immer nur diejenigen Verhaltensweisen verstärkt, die der gewünschten Aktivität besonders nahe kommen.

## 4.3    Beobachtungslernen

Oftmals entwickelt eine Person eine neue Verhaltensweise, obwohl sie diese
Verhaltensweise zuvor nicht selbst ausgeführt hat, sondern nachdem sie diese
bei jemand anderem (dem sogenannten Modell) beobachtet hat. Derartiges
**Beobachtungslernen** findet sich schon bei nur wenige Tage alten Säuglingen,
die Gesichtsausdrücke von Erwachsenen erkennbar nachahmen (Meltzoff und
Moore 1977). Hierbei handelt es sich um eine überaus erstaunliche Leistung der
Transformation des Produkts eines bestimmten Musters an muskulärer Aktivität bei einer anderen Person in die zugehörige muskuläre Aktivität beim Säugling, obwohl der Säugling noch keine Erfahrung bezüglich des Zusammenhangs
mit dem Aussehen des eigenen Gesichtsausdrucks erwerben konnte. Aus theo-
retischer Sicht ist eines der Hauptergebnisse der Forschung zum Beobachtungslernen, dass Beobachtungslernen auch unter Bedingungen auftritt, in denen
Theorien operanter Konditionierung keinen Lerngewinn vorhersagen würden, da
das Lernsubjekt in der Lernsituation weder das Verhalten selbst ausführt noch
einen Verstärker erhält. Einen großen Einfluss auf das Lernergebnis hat dagegen,
ob das beobachtete Verhalten für das Modell zu einer positiven Konsequenz führt.
Man spricht in diesem Zusammenhang von **stellvertretender Verstärkung**.

   Eine viel zitierte Untersuchung hierzu wurde von Bandura (1965) ausgeführt.
In diesem als „Bobo-Doll-Experiment" bekannt gewordenen Versuch sahen
drei- bis sechsjährige Kinder Filme, in denen sich eine erwachsene Person (das
Modell) in verschiedener Weise aggressiv gegenüber einer aufblasbaren Clown-
Puppe verhielt. Der Film endete entweder mit dem Auftreten einer weiteren Person, welche das Modell für ihr Verhalten (1) lobte oder (2) bestrafte, oder (3) es
kam zu keiner Konsequenz für das Modell. In einer anschließenden Testphase
wurden die Kinder in ein Spielzimmer gebracht, in dem sich die im Film dar-
gestellte Puppe sowie andere Gegenstände (z. B. ein Holzhammer) befanden. Es
zeigte sich, dass die Kinder verschiedene zuvor beobachtete Verhaltensweisen des
Modells gegenüber der Puppe nachahmten. Allerdings trat diese Nachahmung
deutlich häufiger bei Kindern auf, die eine Belohnung des Modells beobachtet
hatten, als bei Kindern, die zuvor Zeuge einer Bestrafung des Modells waren.
In einer weiteren Phase des Experiments wurde den Kindern eine Belohnung
dafür angeboten, möglichst viele der vom Modell gezeigten Verhaltensweisen
zu reproduzieren. In dieser Phase zeigten sich insgesamt mehr aggressive Verhaltensweisen gegenüber der Puppe als in der vorhergehenden Phase. Zudem war
der Unterschied zwischen den Gruppen aufgehoben, welche eine Belohnung und
welche eine Bestrafung des Modells beobachtet hatten. Während die beobachtete
Konsequenz also die **Ausführung** des beobachteten Verhaltens beeinflusste,

zeigte sich der **Erwerb** des entsprechenden Verhaltenspotenzials als hiervon unabhängig. Die Arbeitsgruppe um Bandura führte eine Vielzahl weiterer Experimente durch, deren Ergebnisse in einer umfassenden sozial-kognitiven Lerntheorie mündeten (für einen Überblick siehe Spada et al. 2006).

Neben den hier erörterten Phänomenen lernbasierter Verhaltensmodifikationen umfasst das Thema Lernen natürlich auch den Aufbau umfassender Wissensbestände diverser Art. Diese werden zumeist in der Domäne „Gedächtnis" behandelt (Kap. 5).

### Zusammenfassung

Die Lernpsychologie untersucht die Mechanismen der relativ dauerhaften Veränderung des Verhaltens oder Verhaltenspotenzials eines Organismus aufgrund von Erfahrung. Der Behaviorismus beschreibt die Lernphänomene der klassischen und der operanten Konditionierung, und es wird ein Überblick über das Beobachtungslernen gegeben.

# Gedächtnis

**5**

Das Gedächtnis umfasst die Struktur und die Prozesse, die zuständig sind für das Halten und Verändern der durch die Wahrnehmung erfassten (Reiz-)Ausschnitte der externen Umwelt (Gobet et al. 2011). Die Gedächtnispsychologie untersucht dabei sehr populäre Fragen: Gibt es **das** Gedächtnis, oder ist das Gedächtnis in verschiedene Komponenten unterteilt, die jeweils eigene Eigenschaften besitzen? Wie ist das Gedächtnis für kurzfristiges Bereithalten und für langfristige Speicherung von Informationen beschaffen? Wie erfolgt eigentlich das Merken von Ereignissen im Gedächtnis? Wie kann man sich wieder an diese Ereignisse erinnern, d. h., auf die Inhalte des Gedächtnisses zugreifen? Was geschieht beim Vergessen?

Das populärste Modell, das Gedächtnis in verschiedene Komponenten einzuteilen, ist das **Mehrspeichermodell** von Atkinson und Shiffrin (1968; Abb. 5.1); dabei wird die Einteilung vornehmlich nach den Zeiteigenschaften der Komponenten vorgenommen. Dieses Modell postuliert einen sensorischen Speicher, ein Kurzzeitgedächtnis und ein Langzeitgedächtnis. Vereinfacht gesagt, sind diese Komponenten für die Speicherung von Informationen in folgender Reihenfolge zuständig:

- Speicherung über einen sehr kurzen Zeitraum (sensorischer Speicher)
- Speicherung über einen kurzen Zeitraum (Kurzzeitgedächtnis)
- Speicherung bis zu lebenslang (Langzeitgedächtnis)

Obwohl einige Elemente dieses Modells revidiert wurden, kann es als didaktische Struktur dienen, um die Menge von Wissen über Gedächtniskomponenten zu systematisieren.

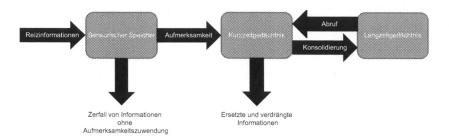

**Abb. 5.1** Illustration des Mehrspeichermodells von Atkinson und Shiffrin (1968, mit freundlicher Genehmigung von Elsevier) mit den Gedächtniskomponenten sensorischer Speicher, Kurzzeitgedächtnis und Langzeitgedächtnis

## 5.1    Sensorischer Speicher

Nach der Aufnahme von Informationen werden die eingehenden Informationen im sensorischen Speicher sehr kurzfristig und flüchtig (d. h. transient) repräsentiert (Neisser 1967). Man kann diesen sensorischen Speicher selbst erfahren, wenn man in der Dunkelheit einen glühenden Stock sehr schnell in der Luft kreisen lässt. Die Glut lässt dann für ganz kurze Zeit (<1 Sekunde) eine scheinbare Spur in der Luft zurück. Diese Spur wird im sensorischen Speicher repräsentiert und demonstriert diese Gedächtniskomponente. Der sensorische Speicher stellt sozusagen die Verlängerung der Wahrnehmung dar und ist die Verbindung zwischen Wahrnehmung und längerfristigen Repräsentationen im Gedächtnis.

Der Inhalt des sensorischen Speichers ist stark von sensorischen Gegebenheiten geprägt und spiegelt die Aktivation des neuronalen Systems wider, die für die frühe sensorische Verarbeitung zuständig ist (Coltheart et al. 1983). Nur relevante Informationen (selektiert durch die Aufmerksamkeit) werden zur Weiterverarbeitung an nachfolgende Verarbeitungsstufen (z. B. Kurzzeitgedächtnis) vom sensorischen Speicher weitergegeben. Die folgenden Eigenschaften des sensorischen Speichers wurden in der Gedächtnispsychologie näher untersucht:

1. Die Kapazität des sensorischen Speichers ist durch die sehr kurzfristige Speicherung begrenzt.
2. Jede Sinnesmodalität (z. B. visuelle, auditive, haptische Modalität) besitzt einen gesonderten sensorischen Speicher. So werden visuelle Informationen im ikonischen Speicher und auditive Informationen im echoischen Speicher des sensorischen Gedächtnisses gehalten.

3. Das Format der Repräsentationen im sensorischen Speicher ist präkategoriell, d. h., eingegangene Informationen liegen noch weitgehend in Rohform ohne weiterführende inhaltliche Verarbeitung vor.

## 5.2 Kurzzeit- und Arbeitsgedächtnis

Das Gedächtnissystem **Kurzzeitgedächtnis** liegt im Mehrspeichermodell von Atkinson und Shiffrin (1968) nach der Verarbeitung im sensorischen Speicher und vor der Weiterleitung von Informationen in das Langzeitgedächtnis. Die Inhalte des Kurzzeitgedächtnisses werden durch Zuwendung von Aufmerksamkeit aus dem sensorischen Speicher übertragen. Die Inhalte werden nur kurzfristig im Kurzzeitgedächtnis gespeichert. Werden sie dort nicht ausreichend memoriert, dann werden sie auch nicht an das Langzeitgedächtnis übertragen. Das Kurzzeitgedächtnis hat eine begrenzte Kapazität zum Behalten von Informationen, die mit der Spanne des Kurzzeitgedächtnisses gleichgesetzt wird. Georg Miller (1956) vereinte in einer sehr unterhaltsam verfassten Arbeit Annahmen, nach denen Versuchspersonen in der Lage sind, Folgen aus fünf bis neun Ziffern fehlerfrei zu wiederholen. Die Gedächtnisspanne lag also bei durchschnittlich sieben ($\pm 2$) Ziffern. Diese Kapazität beschränkte sich nicht nur auf Ziffern, sondern galt auch für anderes Material wie Buchstaben oder sogar kurze Wörter. In späteren Arbeiten verschiedener Autoren wurde diese Zahl nach unten, auf vier ($\pm 1$), korrigiert. Miller hatte also die Gedächtnisspanne ursprünglich etwas überschätzt. Er kam in seinen Studien allerdings zu drei wichtigen Erkenntnisse: Zum Ersten gelangte er zu der Annahme, dass das menschliche Kurzzeitgedächtnis eine Kapazitätsbegrenzung hat. Zum Zweiten formulierte er als Erster eine quantifizierbare Aussage über die maximale Menge von Informationen im Kurzzeitgedächtnis und damit auch über die Kapazität des Kurzzeitgedächtnisses. Zum Dritten definierte Miller mithilfe der Informationstheorie eine Einheit für die Menge von Informationen im Kurzzeitgedächtnis. Diese Informationseinheit wird als **Chunk** (engl. Klumpen) bezeichnet. Durch sinnvolle Zusammenfassung von physikalischen Elementen und In-Beziehung-Setzen kann ein Chunk dabei unterschiedlich viele physikalische Elemente beinhalten, beispielsweise nicht nur eine einstellige Zahl (z. B. „2"), sondern auch eine vierstellige Zahl (z. B. „2018"), einen Buchstaben (z. B. „B"), ein Wort (z. B. „Blume") oder ein Bild (z. B. „❀").

Die Übertragung von Informationen aus dem Kurzzeitgedächtnis in das Langzeitgedächtnis benötigt im Mehrspeichermodell von Atkinson und Shiffrin (1968) ein ausreichendes **Memorieren**. Memorieren bedeutet dabei das Aufrechterhalten von Informationen im Kurzzeitgedächtnis bis diese Informationen in das Langzeitgedächtnis transferiert und somit konsolidiert werden. Bei Atkinson und Shiffrin wird Memorieren eher als ein automatischer Prozess gesehen, und das Kurzzeitgedächtnis ist somit lediglich eine passive Durchgangsstation vom sensorischen Speicher zum Langzeitgedächtnis. Alternativ unterliegt die Konsolidierung im Langzeitgedächtnis aktiven Kontrollprozessen, und die Komponente eines kurzfristigen Speichers ist weniger passiv als das Kurzzeitgedächtniskonzept im Mehrspeichermodell. Ein Beispiel für den aktiven Umgang mit kurzfristig gespeicherten Informationen ist das Berechnen von komplexen Gleichungen wie $93 \times 7$. Die Gleichung kann durch mentales Zerlegen in die Teilgleichungen $90 \times 7$ und $3 \times 7$ einfacher gelöst werden. Die Teilgleichungen müssen berechnet, ihre Ergebnisse aufrechterhalten und abschließend addiert werden. Hier wird also sehr aktiv mit Informationen umgegangen.

Die Debatte zwischen einem passiven und aktiven Zwischenspeicher gehört wohl zu einer der bekanntesten in der Gedächtnisforschung. In dieser Debatte fand die aktive Sichtweise schließlich große Anerkennung und hat das Konzept des Kurzzeitgedächtnisses aus dem Mehrspeichermodell von Atkinson und Shiffrin (1968) durch ein **Arbeitsgedächtnis** abgelöst.

Das zurzeit wohl einflussreichste Arbeitsgedächtnismodell stammt von Alan Baddeley (1986, 1992, 2012; Abb. 5.2). Es umfasst zwei, voneinander unabhängige Kurzzeitspeicher, die als visuell-räumlicher Notizblock und phonologische Schleife bezeichnet werden. Der **visuell-räumliche Notizblock** ist ein System zur zeitlich

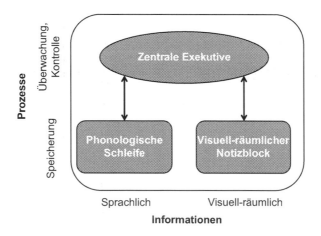

**Abb. 5.2** Darstellung des Arbeitsgedächtnismodells von Baddeley (1986, republished with permission of Oxford University Press, from Working Memory © 1986; permission conveyed through Copyright Clearance Center, Inc.)

begrenzten Speicherung von visuell-räumlichen Informationen und zur Manipulation dieser Informationen. Die **phonologische Schleife** dagegen ist ein System für sprachlich-phonologische Informationen, der zeitlich begrenzten Speicherung dieser Informationen und ihrer Manipulation. In der phonologischen Schleife werden sprachliche Informationen mittels innerer (d. h. subvokaler) Sprachwiederholung aktiv aufrechterhalten, vergleichbar mit einer „Wiederholungsschleife" bei einer Tonbandaufnahme, die immer wieder abgespielt wird. Eine dritte, essenzielle Komponente in Baddeleys Arbeitsgedächtnismodell ist die **zentrale Exekutive**. Diese Komponente überwacht und kontrolliert die beiden genannten Kurzzeitspeicher (d. h. den visuell-räumlicher Notizblock und die phonologische Schleife) und übernimmt damit die exekutive Kontrolle des Arbeitsgedächtnisses.

## 5.3 Langzeitgedächtnis

Hinsichtlich des Langzeitgedächtnisses sind besonders (1) seine Struktur und (2) seine Prozesse von Interesse (Buchner und Brandt 2017; van der Meer 2006). Die zentralen Fragen lauten also: Wie ist das Langzeitgedächtnis organisiert und strukturiert? Welchen Prozessen unterliegt die Langzeitspeicherung von Informationen und deren Abruf? Bei der Struktur wird in der Gedächtnisliteratur auf einer ersten Stufe zwischen einem nondeklarativen Teil und einem deklarativen Teil unterschieden (Abb. 5.3).

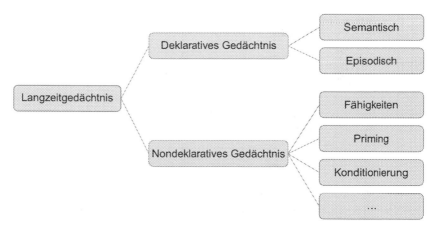

**Abb. 5.3** Struktur des Langzeitgedächtnisses mit deklarativem und nondeklarativem Gedächtnis. (Mod. nach Squire 2004, mit freundlicher Genehmigung von Elsevier)

Dem **nondeklarativen Gedächtnis** wird nondeklaratives Wissen zugeordnet. Dieses Wissen umfasst motorische Fähigkeiten (z. B. Laufen), perzeptuelle Fähigkeiten (z. B. das Erkennen bestimmter Kunststile oder Musikgenres) oder Denkfähigkeiten (z. B. Zählen, bestimmte Rechenweisen). Auch die Konsequenzen von Voraktivierungen (sogenanntes Priming) sind im nondeklarativen Gedächtnis abgelegt. Des Weiteren sind alle Arten von Assoziationen im nondeklarativen Gedächtnis angelegt. Beispiele für solche Assoziationen sind die im Kontext des Behaviorismus beschriebenen Arten der klassischen und operanten Konditionierung und Lernen (Koch und Stahl 2017; Kap. 4). Obwohl die Inhalte des nondeklarativen Gedächtnisses sehr heterogen sind, hat dieses Wissen gemeinsam, dass es schwer zu verbalisieren ist. Oder könnten Sie jemandem erklären, wie man läuft oder geht, und derjenige könnte dann aus Ihrer Beschreibung das Laufen oder Gehen erlernen?

Das **deklarative Gedächtnis** enthält deklaratives Wissen, das verbalisierbar ist. Dieses Wissen ist also von Personen leicht in Sprache auszudrücken, wenn sie danach befragt werden. Innerhalb des deklarativen Gedächtnisses mit seinen verbalisierbaren Inhalten wird eine Dichotomie zwischen dem episodischen Gedächtnis und dem semantischen Gedächtnis vorgenommen (Tulving 1972, 2002). Im **episodischen Gedächtnis** befinden sich Erinnerungen an persönlich erfahrene Ereignisse mit spezifischen zeitlichen und räumlichen Informationen. Eine spezifische Urlaubserinnerung („Die Wanderung in den Alpen im letzten Sommer") ist eine typische episodische Erinnerung. Das **semantische Gedächtnis** dagegen bezieht sich auf Faktenwissen ohne zeitliche und räumliche Bezüge. Das Wissen über die Alpen, über die Jahreszeit und über das Wandern als eine Möglichkeit sportlicher Betätigung ist als semantisches Wissen im semantischen Gedächtnis repräsentiert. Episodisches Wissen wird nach nur einmaliger Wiederholung erworben (d. h. die Erfahrung „die Wanderung in den Alpen im letzten Sommer" wurde nur einmal erlebt). Semantisches Wissen kann dagegen aus verschiedenen Episoden und damit durch mehrmalige Wiederholung abstrahiert werden (z. B. aus verschiedenen persönlich durchgeführten Wanderungen kann das Konzept von „Bergwandern" entstehen).

Die Langzeitgedächtnis-Prozesse befassen sich mit

1. dem Enkodieren von Informationen,
2. ihrer Konsolidierung,
3. ihrem Abruf aus dem Gedächtnis und
4. den Prozessen, bei denen der Abruf nicht erfolgreich ist und der Zugriff auf gelernte Informationen scheitert, d. h., wenn wir vergessen haben.

Die **Enkodierung** von Informationen bezeichnet das Aufnehmen und Speichern von Informationen in einen flüchtigen Speicher wie dem Kurzzeit- oder Arbeitsgedächtnis. **Konsolidierung** beschreibt den anschließenden Prozess, bei dem Informationen aus diesen flüchtigen Speichern langfristig im Langzeitgedächtnis abgespeichert werden. Der **Abruf** von Informationen beschreibt die Reproduktion von Wissen aus dem Langzeitgedächtnis und die Übertragung dieses Wissens in flüchtige Speicher. Für jede Information, welche nicht abgerufen werden kann, ist es theoretisch möglich, dass sie tatsächlich nicht mehr im Gedächtnis vorhanden ist (Spurenzerfallshypothese). Es ist aber ebenso denkbar, dass diese Information in einer anderen Situation wieder abrufbar ist und lediglich der Abruf momentan nicht funktioniert hat (Interferenzhypothese). Bei amnestischen Patienten mit Gedächtnisverlusten kann sich nach einer gewissen Zeit, bezogen auf den Beginn des auslösenden Ereignisses als Ursache für das Auftreten der Amnesie (z. B. ein Unfall mit Bewusstlosigkeit), eine gewisse Erholung der Gedächtnisleistung einstellen. Zum Beispiel ist es möglich, dass sich die Zeit eines kompletten Gedächtnisverlusts von zwei Jahren auf zwei Wochen verkürzt (Barbizet 1970). Diese Befunde zeigen, dass man aus der Tatsache, dass etwas nicht abgerufen werden kann, nicht schlussfolgern sollte, dass die gesuchte Information verloren gegangen ist; diese Information ist momentan einfach nur nicht zugänglich, und der Abruf kann durch andere Informationen gestört sein.

## Zusammenfassung

Die Gedächtnispsychologie untersucht die Struktur und die Prozesse, die zuständig für das Speichern und das Verändern der aufgenommenen (Reiz-) Ausschnitte der externen Umwelt sind. Inhalte im Gedächtnis werden im sensorischen Speicher, dem Kurzzeit- bzw. Arbeitsgedächtnis und dem Langzeitgedächtnis gespeichert.

# Denken

Der Titel der 1854 von George Boole veröffentlichten berühmt gewordenen Abhandlung zu Logik „The Laws of Thought" lässt eine enge Entsprechung zwischen Denktätigkeit und Vorgaben der Logiktheorie vermuten (Boole 1854). Genügen aber unsere Denkprozesse wirklich „logischen Richtlinien"? Befunde aus Aufgabenstellungen, für die die klassische Aussagenlogik klare Lösungen vorgibt, zeigen, dass die Antworten menschlicher Versuchspersonen mitunter deutlich von diesen normativen, logischen Vorgaben abweichen (Box 4: Deduktive Logik und Inhaltseffekte bei der Prüfung von Konditionalaussagen). Unter anderem mit diesen Abweichungen und dem Verhältnis zwischen normativer Logik und menschlichen Aussagen beschäftigt sich der Bereich Denken, mit dem wir uns im Folgenden beschäftigen. Weitere prominente Themen der Denkforschung beziehen sich auf Prozesse des Urteilens und Entscheidens sowie des Problemlösens. Letzteres werden wir aus hier nicht vertiefen.

---

**Box 4: Deduktive Logik und inhaltliche Effekte bei der Prüfung von Konditionalaussagen**

Stellen Sie sich vor, auf der Tischplatte vor Ihnen liegen vier Karten, von denen Sie wüssten, dass jede auf der einen Seite mit einem Buchstaben und auf der anderen Seite mit einer Ziffer bedruckt ist (und mit nichts weiterem). Es bietet sich Ihnen folgende Ansicht:

---

© Springer-Verlag GmbH Deutschland, ein Teil von Springer Nature 2019
T. Strobach und M. Wendt, *Allgemeine Psychologie, Was ist eigentlich …?*,
https://doi.org/10.1007/978-3-662-57570-3_6

Ihre Aufgabe besteht darin, die Gültigkeit der folgenden Regel für die Karten zu prüfen: „Wenn sich auf der einen Seite einer Karte ein A befindet, so befindet sich auf ihrer anderen Seite eine 1." Dazu sollen Sie so wenige Karten wie möglich umdrehen. Welche Karten müssen Sie mindestens umdrehen, um Sicherheit darüber zu erlangen, ob die vier Karten der Regel entsprechen?

Das Beispiel stellt eine Variante der Wason-Wahlaufgabe dar (Wason 1966). In unserem Beispiel lautet die korrekte Antwort: Die „A"-Karte und die „2"-Karte. Untersuchungen zur Wason-Wahlaufgabe zeigen, dass nur sehr wenige Versuchspersonen zu dieser Antwort gelangen; viele entscheiden sich stattdessen für die „A" und „1" oder auch nur für „A". Wir gehen unten im Text näher darauf ein, warum „A" und „1" die korrekte Lösung ist. Zunächst wollen wir uns aber eine andere – strukturell identische –Variante der Aufgabe ansehen, welche mit weit höheren Quoten korrekter Antworten gelöst wurde.

Die vier Karten unten repräsentieren vier Hausbesitzer aus einer Gemeinde, in der der Einbau einer Wärmedämmung aus Steuermitteln bezuschusst wird. Auf der einen Seite jeder Karte ist vermerkt, ob die Person für eine Wärmedämmung gesorgt hat, auf der anderen, ob sie einen Zuschuss bekam.

| Hat Dämmung eingebaut. | Hat keine Dämmung eingebaut. | Bekam Zuschuss. | Bekam keinen Zuschuss. |

Welche der Karten müssen Sie mindestens umdrehen, um Sicherheit darüber zu erlangen, dass die Regel „Wenn jemand eine Wärmedämmung einbaut, so erhält sie/er einen Zuschuss" in allen vier Fällen eingehalten wurde? Die Struktur der Aufgabe ist offensichtlich dieselbe wie im ersten Beispiel (abstrakt: wenn P [Wärmedämmung], dann Q [Zuschuss], mit P, Nicht-P, Q und Nicht-Q). In diesem Fall wird die korrekte Lösung (P und Nicht-Q) von deutlich mehr Versuchspersonen erkannt als bei der Vorgabe abstrakter Buchstaben-Ziffern-Karten (Beller und Spada 2003; Cosmides 1989). Derartige Inhaltseffekte finden sich bei der Beantwortung diverser Fragestellungen, für welche den Regeln der klassischen Aussagelogik zufolge der Bedeutungsgehalt der Aussagen keine Rolle spielen sollte.

Zur Verdeutlichung der korrekten Anwendung sowie der Abweichung von logischen Schlussregeln sehen wir uns die seit der Antike diskutierten **konditionalen
Syllogismen** an. Diese Argumente bestehen aus insgesamt drei Aussagen, zwei
**Prämissen** und einer **Konklusion**, wobei eine der Prämissen eine Konditionalaussage darstellt (wenn P, dann Q, in formaler Symbolik: $P \rightarrow Q$), die zweite
Prämisse und die Konklusion dagegen jeweils eine der Teilaussagen der ersten Prämisse (Vorderglied P und Hinterglied Q) entweder bejahen oder vernei-
nen. Bei einigen solcher Syllogismen (die als gültig bezeichnet werden) kann mit
Sicherheit das Zutreffen der Konklusion gefolgert werden, wenn die Prämissen
zutreffen, allein aufgrund ihrer spezifischen Form, unabhängig vom Inhalt der
Aussagen. Ein solcher gültiger konditionaler Syllogismus ist als **Modus ponens**
bekannt:

- Prämisse 1: Wenn Wochenende ist, dann bin ich glücklich. ($P \rightarrow Q$)
- Prämisse 2: Es ist Wochenende. (P)
- Konklusion: Ich bin glücklich. (Q)

Sind beide Prämissen wahr, d. h., trifft es zu, dass ich glücklich bin, (immer)
wenn Wochenende ist, und trifft es zudem zu, dass jetzt gerade Wochenende ist,
so muss auch die Konklusion zutreffen und ich kann nicht anders, als glücklich
zu sein.

Auch für den folgenden – als **Modus tollens** bekannten – Syllogismus gilt,
dass die Konklusion zutreffen muss, wenn beide Prämissen wahr sind (im Folgenden dient die Tilde ~ als Verneinungszeichen, ~P bedeutet beispielsweise, dass
die Aussage P nicht zutrifft):

- Prämisse 1: Wenn Wochenende ist, dann bin ich glücklich. ($P \rightarrow Q$)
- Prämisse 2: Ich bin nicht glücklich. (~Q)
- Konklusion: Es ist nicht Wochenende. (~P)

Trifft es zu, dass ich (immer) glücklich bin, wenn Wochenende ist, und trifft es
zudem zu, dass ich zurzeit nicht glücklich bin, so lässt sich mit Sicherheit schlie-
ßen, dass momentan kein Wochenende ist.

Empirische Studien zeigen, dass es Versuchspersonen leichter fällt, die Gültigkeit des Modus ponens als die des Modus tollens zu erkennen. Zudem werden auch die beiden folgenden ungültigen Syllogismen oftmals fälschlicherweise

als gültig angesehen (d. h., es wird angenommen, dass auch die Konklusion wahr
sein muss, wenn es die Prämissen sind; z. B. Marcus und Rips 1979):

- Beispiel 1 eines ungültigen Syllogismus:
  - Prämisse 1: Wenn Wochenende ist, dann bin ich glücklich. (P → Q)
  - Prämisse 2: Ich bin glücklich. (Q)
  - Konklusion: Es ist Wochenende. (P)
- Beispiel 2 eines ungültigen Syllogismus:
  - Prämisse 1: Wenn Wochenende ist, dann bin ich glücklich. (P → Q)
  - Prämisse 2: Es ist nicht Wochenende. (~P)
  - Konklusion: Ich bin nicht glücklich. (~Q)

Diese letzten beiden Syllogismen werden aus naheliegenden Gründen als **Bejahung
des Hinterglieds** bzw. **Verneinung des Vorderglieds** bezeichnet. Dass in diesen beiden Fällen das Zutreffen der Konklusion nicht eindeutig aus der Wahrheit
der Prämissen folgt, lässt sich schnell einsehen, wenn man sich vor Augen führt,
dass ich auch aus anderen Gründen als dem Wochenende glücklich sein kann (z. B.
aufgrund montäglichen Feierabends). Die erste Prämisse sagt nur etwas über mein
Wochenendbefinden aus und lässt hinsichtlich meiner Befindlichkeit zu anderen
Zeiten alles offen (anders als das sogenannte Bikonditional „genau dann, wenn …"
oder „dann und nur dann, wenn …"). Somit folgt aus der Tatsache, dass ich glücklich bin, nicht notwendigerweise, dass Wochenende ist, und aus der Tatsache, dass
nicht Wochenende ist, nicht notwendigerweise, dass ich nicht glücklich bin.

Mit ähnlichen Überlegungen lässt sich begründen, dass in dem Kartenbeispiel
in der Box 4: Deduktive Logik und Inhaltseffekte bei der Prüfung von Konditionalaussagen zur Prüfung der Gültigkeit der Aussage „Wenn sich auf der einen
Seite einer Karte ein A befindet, so befindet sich auf ihrer anderen Seite eine 1"
(P → Q) die „A"-Karte (P) und die „2"-Karte (~Q) umgedreht werden müssen.
Wenn die Regel P → Q gilt und zusätzlich P gegeben ist, so folgt zwingend,
dass auch Q vorhanden sein muss (Modus ponens). Befindet sich eine 1 auf der
anderen Seite von A, so genügt die Karte der Regel, befindet sich dort aber eine
andere Ziffer, so ist die Regel widerlegt. Deshalb müssen wir A umdrehen, um
die Gültigkeit der Regel zu prüfen. Wenn die Regel gilt und zusätzlich ~Q gegeben ist, so folgt, wie wir gesehen haben, zwingend ~P (Modus tollens). Auf der
anderen Seite der „2"-Karte darf sich demnach kein A befinden. Finden wir dort
ein A, so ist die Regel widerlegt. Finden wir dagegen einen anderen Buchstaben,
so entspricht die Karte der Regel. In Übereinstimmung mit der Schwierigkeit, die
Gültigkeit des Modus tollens zu erkennen, entscheiden sich Versuchspersonen
weniger häufig, die ~Q-Karte umzudrehen als die P-Karte.

Anders verhält es sich mit den anderen beiden Karten: Die Karte mit dem B entspricht dem allgemeinen Fall ~P. Wie oben ausgeführt lässt sich aus den Prämissen P → Q und ~P (Verneinung des Vorderglieds) nicht zwingend ~Q folgern. Ebenso wenig folgt Q. (Aus „Wenn Wochenende ist, dann bin ich glücklich" und „Es ist kein Wochenende" folgt nicht, dass ich glücklich bin.) Das heißt, dass sowohl das Auffinden einer Ziffer ungleich 1 wie auch das Auffinden einer 1 mit der Regel vereinbar wäre; die Karte ist schlicht nicht informativ hinsichtlich der Gültigkeit der Regel. Damit besteht kein Grund, sie umzudrehen. Analog verhält es sich mit der „1"-Karte; für das Prämissenpaar P → Q und Q (Bejahung des Hinterglieds) ergibt sich keine zwingende Schlussfolgerung. Jeder Buchstabe auf der anderen Seite der Karte wäre mit der Regel vereinbar. Umdrehen damit zwecklos.

Verschiedene theoretische Ansätze sind entwickelt worden, um das Muster der Abweichungen der Beurteilung logischer Gültigkeit durch menschliche Versuchspersonen von den normativen Vorgaben der Logiktheorie zu erklären – und damit auch zu ergründen, auf welche Weise Menschen beim Lösen logischer Aufgaben vorgehen. Die beschriebene Häufigkeit bestimmter Fehlschlüsse muss dabei nicht bedeuten, dass Menschen logische Gesetze in grober Weise ignorieren. Tatsächlich ist eine ganze Reihe von Befunden gut mit der Annahme vereinbar, dass bei der Bearbeitung logischer Aufgaben im Prinzip die adäquaten logischen Regeln zur Anwendung kommen. Allerdings kann es hierbei zu verschiedenen Arten von Fehlern kommen, die mit unterschiedlichen Wahrscheinlichkeiten auftreten. Beispielsweise ist die Anwendung des Modus tollens (oder das Erkennen seiner Gültigkeit) in gewisser Weise fehleranfälliger als die des Modus ponens, weswegen die Urteile von Versuchspersonen bezüglich der Gültigkeit des Arguments häufiger von den korrekten Urteilen abweichen. Zudem kann angenommen werden, dass die logische Bedeutung der Prämissen nicht immer korrekt erfasst wird. Wie oben ausgeführt, beinhaltet die Konditionalaussage „Wenn Wochenende ist, dann bin ich glücklich" keine Angabe über mögliche Gegebenheiten außerhalb des Wochenendes. Gleichwohl finden sich im Alltagssprachgebrauch ganz andere Bedeutungen von Wenn-dann-Aussagen. Der Satz „Wenn Du den Rasen mähst, bekommst Du fünf Euro" impliziert hier zumeist, dass es ohne Rasenmähen keine fünf Euro gibt. Werden die Prämissen auf diese Weise verstanden (vom Konditional zum Bikonditional uminterpretiert), so haben wir es bei den oben angeführten ungültigen Syllogismen der Bejahung des Hinterglieds und der Verneinung des Vorderglieds tatsächlich mit gültigen Argumenten zu tun.

Eine andere Erklärung für die Resultate aus Experimenten mit Logikaufgaben bietet die **Theorie mentaler Modelle**, der zufolge logisches Denken auf die mentale Repräsentation des Inhalts der Prämissen in Form sogenannter mentaler

Modelle und die Überprüfung der Übereinstimmung mit dem Inhalt der Konklusion zurückgeht (Johnson-Laird 1983; Johnson-Laird und Byrne 1991). Die
Konstruktion spezifischer Modelle ist dabei mit unterschiedlich hohem Aufwand
verbunden, was in Anbetracht einer generell beschränkten Arbeitsgedächtnis-
kapazität zu systematischen Fehlleistungen führen sollte. Derartige Annahmen
stimmen gut mit empirisch gefundenen Schwierigkeitsgraden verschiedener
Logikaufgaben überein.

Auch hinsichtlich der Beurteilung von Wahrscheinlichkeiten und ihrer Bewertung in Situationen, in denen es um die Auswahl der günstigsten von mehreren Handlungsmöglichkeiten geht, finden sich systematische Abweichungen
menschlicher Versuchspersonen von normativen Vorgaben. Ein als **Grundquo-
tenproblem** bekannt gewordener Zusammenhang bereitet uns offenbar besondere Schwierigkeiten: Stellen Sie sich vor, Sie gingen zur Vorsorgeuntersuchung
bezüglich einer Krankheit, von der 1 % der Bevölkerung betroffen ist. Ein
Schnelldiagnoseverfahren ist in der Lage, erkrankte Personen mit einer Wahrscheinlichkeit von 80 % zu erkennen. (Das heißt, bei 80 % der Erkrankten kommt
es zu einem positiven Testergebnis, man bezeichnet diese Wahrscheinlichkeit als
Sensitivität des Tests.) Zudem gibt es – wie bei quasi allen statistischen Testver-
fahren – auch eine gewisse Wahrscheinlichkeit, fälschlicherweise als erkrankt
klassifiziert zu werden, obwohl man gesund ist. Für unseren Test liegt diese
Wahrscheinlichkeit bei 5 %. (Das heißt, von den Nichterkrankten erhalten 95 %
korrekterweise ein negatives Testergebnis, 5 % dagegen werden fälschlich als
krank diagnostiziert.) Nun ist Ihr Ergebnis in der Voruntersuchung positiv. Wie
groß ist die Wahrscheinlichkeit, dass Sie tatsächlich erkrankt sind?

Die gesuchte Wahrscheinlichkeit – es handelt sich um die bedingte Wahrscheinlichkeit des Erkranktseins unter der Bedingung, ein positives Testergebnis bekommen zu haben – lässt sich nach dem sogenannten Bayes-Theorem berechnen:

$$p\,(\text{krank} \mid \text{positiv}) = \frac{p\,(\text{positiv} \mid \text{krank}) \times p\,(\text{krank})}{p\,(\text{positiv} \mid \text{krank}) \times p\,(\text{krank}) + p\,(\text{positiv} \mid \sim \text{krank}) \times p\,(\sim \text{krank})}$$

Für unser Beispiel ergibt sich:

$$p\,(\text{krank} \mid \text{positiv}) = \frac{0{,}8 \times 0{,}01}{(0{,}8 \times 0{,}01) + (0{,}05 \times 0{,}99)} = 13{,}9\,\%$$

Es ist also bei Weitem wahrscheinlicher, dass Sie die Krankheit nicht haben, als
dass Sie tatsächlich erkrankt sind, trotz positivem Testergebnis! Sollten Sie hierdurch überrascht sein, befinden Sie sich damit in guter Gesellschaft. Schätzungen
derartiger Wahrscheinlichkeiten – sowohl durch medizinische Laien wie auch
durch Studierende der Medizin und durch Ärztinnen und Ärzte (Casscells et al.

1978; Eddy 1982) – liegen mitunter drastisch höher als der tatsächliche Wert. Beispielsweise entsprach die häufigste Antwort in der Studie von Eddy in etwa der
Sensitivität des Tests. Verantwortlich für diese Fehleinschätzung ist vermutlich die
Nichtbeachtung der Grundquote, d. h. des sehr geringen Anteils erkrankter Personen, welche sich dem Test unterziehen.

Ändern wir das Beispiel ein wenig ab, indem wir annehmen, dass von den
Personen, die sich dem Test unterziehen, nicht 1 %, sondern 50 % tatsächlich
erkrankt sind – etwa weil der Test erst nach dem Auftreten bestimmter häufiger
Symptome zur Anwendung kommt. Der Test selber ist aber exakt der gleiche wie
eben.

Für unser modifiziertes Beispiel ergibt sich:

$$p\,(\text{krank} \mid \text{positiv}) = \frac{0{,}8 \times 0{,}5}{(0{,}8 \times 0{,}5) + (0{,}05 \times 0{,}5)} = 94{,}1\,\%$$

Nun kann man sich nach Erhalt eines positiven Testergebnisses kaum noch Hoff-
nungen machen, nicht erkrankt zu sein. Die Beispiele verdeutlichen die Wich-
tigkeit der Grundquote des Vorliegens eines Sachverhalts für dessen bedingte
Wahrscheinlichkeit nach Eintreten eines bestimmten Ereignisses. Experimentelle
Untersuchungen zeigen jedoch, dass Versuchspersonen diesen Wert oftmals ignorieren, wenn sie eine Abschätzung der Wahrscheinlichkeit vornehmen (Kahneman
und Tversky 1973).

Dies gilt auch, wenn es darum geht, optimale Handlungsentscheidungen zu
treffen. Einem normativen Ansatz zufolge besteht die optimale Handlungsent-
scheidung in der Auswahl derjenigen Handlungsalternative, für welche der zu
erwartende Nutzen maximal ist. Auch hier zeigt die experimentelle Forschung
diverse Tendenzen zur Abweichung von einer solchen optimalen Auswahl. Ein
Großteil dieser Forschung stellt Versuchspersonen vor die Wahl, welches von verschiedenen fiktiven Lotteriespielen sie bevorzugen würden, z. B.:

- Spiel A: Sie werfen einen Würfel. Zeigt er die 6, so bekommen Sie 10 Euro. In
  allen anderen Fällen erhalten Sie nichts.
- Spiel B: Sie werfen einen Würfel. Zeigt er eine 1 oder eine 2, so bekommen
  Sie 6 Euro. In allen anderen Fällen erhalten Sie nichts.

Die Berechnung des zu erwartenden Nutzens ergibt für Spiel A 1/6 × 10 Euro =
1,67 Euro, für Spiel B dagegen 1/6 × 6 Euro + 1/6 × 6 Euro = 2 Euro. Spiel B
bietet demnach bessere Gewinnchancen und sollte präferiert werden.

Hierbei muss jedoch in Rechnung gestellt werden, dass der subjektive Nutzen nicht mit dem objektiven Nutzen übereinstimmen muss; z. B. in Einheiten

eines Zahlungsmittels ausgedrückt mögen 2.000 Euro als nützlicher empfunden werden als 1.000 Euro, aber nicht unbedingt als doppelt so nützlich. Tatsächlich stimmt das Wahlverhalten in Lotteriespielexperimenten oft gut mit der Auswahl der den erwarteten Nutzen maximierenden Möglichkeit überein, wenn man für die entsprechende Berechnung nicht objektive Werte und Wahrscheinlichkeiten heranzieht, sondern passende subjektive Werte. Abb. 6.1 zeigt eine einflussreiche Wertefunktion, welche den theoretischen Zusammenhang von objektivem und subjektivem Wert illustriert. Nach dieser Funktion sollte beispielsweise ein Gewinn oder Verlust, der objektiv das Doppelte eines anderen Gewinnes beziehungsweise Verlustes beträgt, subjektiv nicht als doppelt so hoch empfunden werden. Zudem verläuft die Funktion im Verlustbereich steiler als im Gewinnbereich. Ein Verlust von 1.000 Euro sollte demnach mit größerem Leiden verbunden sein als ein Gewinn von 1.000 Euro mit Freude. Befunde aus diversen Wahlaufgabenexperimenten stimmen mit dieser Funktion überein.

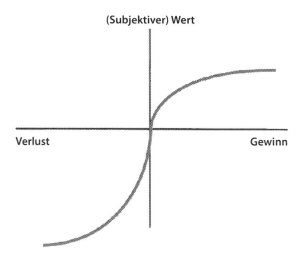

**Abb. 6.1** Wertefunktion der Prospect-Theorie nach Kahneman und Tversky (1979, republished with permission of John Wiley & Sons, from Prospect Theory: An Analysis of Decision Under Risk © 1979; permission conveyed through Copyright Clearance Center, Inc.)

**Zusammenfassung**

Die Denkpsychologie betrachtet Prozesse des Schlussfolgerns und des Urteilens. Außerdem werden Prozesse des Entscheidens sowie der Problemlösung untersucht.

Was den Menschen häufig zum Handeln motiviert, ist die Erwartung, positive Gefühle zu erlangen und negative Gefühle zu vermeiden. Wenn diese Motivation nicht mehr ausreicht, dann muss der Wille ran. Abstrakt gesagt: Emotion (d. h. positive und negative Gefühle), Motivation und Volition (Wille) sind eng verwandte Themen. Aufgrund dieser Verbindung werden die Themen in diesem Kapitel gemeinsam betrachtet.

## 7.1 Emotionspsychologie

Emotionen sind normalerweise bewusste, zeitlich begrenzte Zustände wie Freude, Traurigkeit, Furcht, oder Angst. Diese Zustände sind durch einen Objektbezug gekennzeichnet, d. h., sie sind mit bestimmten Objekten (z. B. ein Lottogewinn) oder Ereignissen (z. B. eine bevorstehende Prüfung) verbunden. Emotionen werden mehr oder weniger regelmäßig von emotionsspezifischen Komponenten begleitet wie Gefühlen (d. h. subjektives Erleben, z. B. Unlust), physiologischen Veränderungen (z. B. Anstieg der Herzfrequenz, schwitzende Hände), Ausdrucksreaktionen (z. B. ein lächelndes Gesicht), Kognitionen (z. B. ein Blackout bei Prüfungen) und Handlungen (z. B. nervöses Auf-und-ab-Gehen). Im Alltag werden Emotionen oft synonym mit den Begriffen Gefühl und Stimmung verwendet (Eder und Brosch 2017), zu denen es aber eigentlich deutliche Unterschiede gibt. Gefühle beziehen sich nur auf das subjektive Erleben und eben nicht auf die anderen emotionsspezifischen Komponenten. Bei Stimmungen handelt es sich um Zustände ohne Objektbezug, die weniger enge zeitliche Begrenzungen und eine geringere Intensität haben. Die Begriffe Emotion, Gefühl und Stimmung sollten also nicht verwechselt werden!

© Springer-Verlag GmbH Deutschland, ein Teil von Springer Nature 2019
T. Strobach und M. Wendt, *Allgemeine Psychologie,* Was ist eigentlich …?,
https://doi.org/10.1007/978-3-662-57570-3_7

Die wohl am meisten debattierte Frage in der emotionspsychologischen Theorie ist die Frage nach der Erklärung zur Entstehung von Emotionen. Die bis heute wohl berühmteste physiologische Emotionstheorie stammt von dem Amerikaner William James (1884) und dem Dänen Carl Lange (1887). Die grundlegende Aussage dieser James-Lange-Theorie lautet, dass ein spezifisches Muster physiologischer Reaktionen wie Zittern und die motorische Handlung wie Fliehen die Ursache von spezifischen Gefühlen sind, d. h., physiologische Reaktionen werden wahrgenommen und diese Wahrnehmung generiert Gefühle. Damit diese entstehen, sind somit körperliche Veränderungen notwendig (sie müssen also vorhanden sein), aber auch hinreichend (mehr braucht es aber nicht). Für diese Theorie spricht die Facial-Feedback-Hypothese (McIntosh 1996), nach der beispielsweise Comics als lustiger bewertet werden, wenn Versuchspersonen gleichzeitig einen Stift zwischen den Zähnen (dem Lächeln ähnlich) halten müssen, als von Personen ohne dieses „Lächeln".

Allerdings gibt es auch eine Reihe handfester Befunde gegen die Annahmen der James-Lange-Theorie (z. B. Cannon 1927). Bei sportlich anstrengenden Aktivitäten oder Krankheiten wie Fieber gibt es z. B. körperliche Veränderungen, dennoch sind Sport und Krankheiten nicht zwangsläufig emotionale Ereignisse oder Zustände. Auch körperliche Veränderungen treten zum Teil zeitlich erst nach dem Entstehen von Gefühlen ein; somit richtet sich die Kritik vor allem auf die notwendige und hinreichende Eigenschaft dieser Veränderungen in der James-Lange-Theorie.

Daher nahm die Gefühlstheorie von Schachter (1964) nicht nur eine körperliche, sondern auch eine kognitive Komponente an: Eine körperliche Veränderung muss auch als emotional eingeschätzt werden, um ein Gefühl entstehen zu lassen. Somit wird der erhöhte Blutdruck vor einer Prüfung als ängstliche Situation interpretiert, die anstrengende sportliche Aktivität bleibt jedoch „unemotional". Neuere Appraisal-Theorien spezifizieren den kognitiven Einschätzprozess von Schachter (1964). Diese Spezifizierungen nehmen beispielsweise an, dass bei der Einschätzung die Kontrollierbarkeit (d. h. Bewältigbarkeit) des emotionalen Ereignisses Berücksichtigung findet (Arnold 1960; Lazarus 1966, 1991). Für die Appraisal-Theorien spricht, dass die Prüfungsangst bei Studierenden abnahm, wenn sie die Prüfungssituation als Herausforderung annahmen, um in ihrer persönlichen Entwicklung weiterzukommen. Dagegen war die Prüfungsangst größer, wenn das Augenmerk auf der Benotung und damit einer potenziellen Bedrohung lag (Tomaka et al. 1997).

Hedonistische Emotionstheorien zeigen nun sehr gut den jetzt folgenden Übergang zur Motivationspsychologie (Festinger 1962). Menschen werden immer zu solchen Handlungen motiviert sein, bei denen sie positive Emotionen erreichen und negative Emotionen vermeiden können.

## 7.2   Motivations- und Volitionspsychologie

Grundsätzlich befasst sich die Motivationspsychologie damit, die Wahl, die Dauer und die Intensität von Verhalten zu erklären (Rheinberg 2004). Somit wird Verhalten charakterisiert, das das willentliche Verfolgen eines angestrebten Ziels erkennen lässt. Für die Motivationspsychologie sind Motive und Motivationstheorien von Interesse. Motive sind Präferenzen für bestimmte Anreizklassen (McClelland et al. 1989) und bilden damit eine in einer Person liegende Verhaltensdeterminante. Diese Anreizklassen lassen sich in biogene und soziogene Motive unterteilen. Biogene Motive sind beispielsweise Hunger, Durst oder Schlaf. Die klassischen soziogenen Motive sind:

1. Herausforderungen meistern (Leistung)
2. Soziale Kontakte knüpfen und pflegen (Anschluss und Intimität)
3. Andere Menschen beeinflussen oder beeindrucken (Macht)

Im Folgenden sollen einige entscheidende Motivationstheorien detaillierter dargestellt werden. Clark Hull (1943) geht davon aus, dass Verhalten aus der Kombination zweier Komponenten motiviert wird, dem Trieb und der Gewohnheit. Trieb ist hier ein physiologischer Mangelzustand (z. B. Hunger), der Verhalten anregt und durch die Stärke des Mangels bestimmt wird. Gewohnheit bezeichnet dagegen die Erfahrung, mit der ein Trieb reduziert wurde. Ein Beispiel: Ist eine Person sehr hungrig und hat sie in der Vergangenheit bei Hunger schon häufig ein Sandwich gegessen, so ist es sehr wahrscheinlich, dass sie motiviert wird, wieder ein Sandwich zu essen.

Allerdings ist es möglich, dass diese Person nicht die besten Zutaten für ein gutes Sandwich im Haus hat. Unter diesen Umständen ist es auch sehr gut möglich, dass der Anreiz, ein Sandwich zu essen, nicht groß genug ist und etwas anderes zum Essen gewählt wird. Diesen zusätzlichen Einfluss durch Anreize wird zwar auch durch Hull (1952) aufgegriffen, aber erst in Kurt Lewins (1951) Feldtheorie ausreichend gewürdigt. Objekte (z. B. Sandwichzutaten) in unserer Umwelt sind entweder anziehend (d. h., sie haben eine positive Wertigkeit oder Valenz) oder sie werden gemieden (negative Valenz). Personen streben zu Objekten mit positiver Valenz und entfernen sich von Objekten mit negativer Valenz. In Situationen mit klaren Valenzen ist die Entscheidung einfach: Sind die richtigen Zutaten vorhanden, wird ein Sandwich gegessen; man strebt also zum Objekt mit positiver Valenz. Was gilt aber in Situationen mit sowohl positiven als auch negativen Valenzen, die aufgesucht beziehungsweise gemieden werden? Solche Aufsuchen-Vermeiden-Konflikte können beispielsweise bei einem Fallschirmsprung auftreten und Aufsuchen- beziehungsweise Vermeidentendenzen sind über die Zeit hinweg unterschiedlich stark ausgeprägt. So kann die Vermeidentendenz kurz vor dem Fallschirmsprung dominieren, während die Aufsuchentendenz nach dem Sprung dominant ist (Epstein und Fenz 1965).

Im Rahmen von Erwartung-Wert-Theorien werden Handlungen aus der Kombination (1) der Wahrscheinlichkeit, dass ein Ziel erreicht wird und (2) der Attraktivität von Zielen bestimmt (Atkinson 1957). So suchen Personen mit einer stark ausgeprägten Motivation, Erfolg zu haben, Aufgaben mit einer mittleren Schwierigkeit aus. Bei diesen Aufgaben ist die Kombination aus Wahrscheinlichkeit für Erfolg und Attraktivität des Erfolgs am höchsten, und sie können so ihre Fähigkeiten gut demonstrieren. Eine Person wählt in dem Fall beispielsweise eher eine mittelschwere Wissensaufgabe. Eine sehr leichte oder sehr schwere Aufgabe wird eher von Personen mit dominanter Misserfolgs-Vermeidungs-Motivation ausgewählt, denn eine leichte Wissensaufgabe kann von ihnen wahrscheinlich richtig gelöst werden, dagegen ist es nicht dramatisch, bei einer schweren Aufgabe falsch zu liegen.

Aber, macht man immer das, was man sich vorgenommen hat? Schafft man es, für eine Klausur am nächsten Tag zu lernen, obwohl man ins Kino eingeladen wird? Das können typische Schwierigkeiten sein, ein angestrebtes Ziel zu verfolgen, denn dafür ist Selbstregulation und Wille notwendig. Das Verknüpfen von Motivation und Volition (d. h. Wille) hat die Motivationspsychologie entscheidend verändert und ihr einige neue Theorien wie das Rubikon-Modell der Handlungsphasen (Gollwitzer 2012; Heckhausen und Gollwitzer 1987) oder die Handlungskontrolltheorie (Kuhl 1983) gebracht.

Das **Rubikon-Modell** ist in Abb. 7.1 dargestellt. Sein Name geht auf die Metapher zurück, nach der Cäsar mit dem Überschreiten des Flusses Rubikon seinen nicht mehr rückgängig zu machenden Entschluss zum Bürgerkrieg besiegelte. Dieser Entscheidung ging ein zögerliches Abwägen der Vor- und Nachteile voraus.

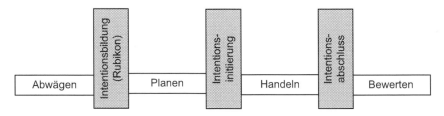

**Abb. 7.1** Das Rubikon-Modell der Handlungsphasen. (Mod. nach Heckhausen und Gollwitzer 1987)

Das Überschreiten im Rubikon-Modell steht für die verbindliche Festlegung auf ein Ziel, mit der die vollständige Ausrichtung auf die Zielrealisierung einhergeht. Der Verlauf des Zielstrebens umfasst folgende Phasen:

1. Phase des Abwägens zwischen potenziell zu realisierenden Wünschen (Abwägephase und das Überschreiten des Rubikons)
2. Phase des Planens zur Verwirklichung eines verbindlich gewählten Wunsches (Planungsphase)
3. Phase des Handelns im Sinne der Ausführung zielrealisierender Aktivitäten (Handlungsphase)
4. Phase der Bewertung des Erreichten (Bewertungsphase)

Abwägen und Bewerten werden dabei als motivationale Phasen betrachtet, Planen und Handeln gelten als volitionale Phasen. In zahlreichen Studien konnten Unterschiede in den kognitiven Merkmalen oder Orientierungen (sogenannte Bewusstseinslagen) der abwägenden und planenden Phase gezeigt werden (Achtziger und Gollwitzer 2010). Die theoretischen Annahmen des Rubikon-Modells halten also empirischen Überprüfungen stand und scheinen tatsächlich eine psychologische Realität zu besitzen.

### Zusammenfassung

Die Emotionspsychologie untersucht die zeitlich begrenzten affektiven Zustände, die einen Objektbezug besitzen und von emotionsspezifischen Komponenten begleitet werden. Motivation und Volition beschäftigen sich mit Prozessen, die die Wahl (d. h. Richtung) von Verhalten erklären und von motivationalen bzw. volitionalen Prozessen, die die Dauer und die Intensität von Verhalten bestimmen. In der motivationspsychologischen Forschung werden also eine Reihe von Theorien formuliert, die möglichst allgemeingültig erklären sollen, wie Motive eine Handlung initiieren. Reichen die Motive nicht, um ein Ziel zu erreichen, muss zur Zielerreichung die Volition helfen.

# Abschluss und der Verhaltensbogen 8

Das vorliegende Buch gibt einen ersten Überblick über die psychologische Teildisziplin Allgemeine Psychologie. Wir haben einleitend geklärt, welche Ziele diese Disziplin im Kontrast zu anderen Disziplinen verfolgt, welche Teilnehmerinnen und Teilnehmer typischerweise für allgemeinpsychologische Studien ausgewählt werden und auf welchen Methoden diese Studien beruhen. Des Weiteren haben wir einige viel diskutierte Themen in der Allgemeinen Psychologie aufgeführt. Den größten Teil dieses Buches haben wir uns mit typischen allgemeinpsychologischen Inhaltsbereichen beschäftigt. Dazu gehören die Wahrnehmung, die Aufmerksamkeit, das Lernen, das Gedächtnis, das Denken sowie die Emotion, Motivation und Volition. Dem Leser sollte klar sein, dass diese Auswahl an Inhaltsbereichen durch weitere Bereiche ergänzt werden muss, z. B. die Bereiche Sprache, Wissenserwerb, Handlungskontrolle oder exekutive Funktionen. Und selbst innerhalb der Bereiche, mit denen wir uns beschäftigt haben, konnten wir lediglich eine geringe Auswahl von Themen vorstellen. Zum Beispiel erfolgt Wahrnehmung nicht nur visuell, sondern auch auditiv, haptisch oder multisensorisch. Eine ausführliche Einführung in die Allgemeine Psychologie bleibt umfangreichen Lehrbüchern überlassen (z. B. Becker-Carus und Wendt 2017; Kiesel und Spada 2018; Müsseler und Rieger 2017; Pollmann 2008).

Allerdings deckt sich die Organisation und Struktur dieses kurzen Buches größtenteils mit der der umfangreichen Lehrbücher. Das bedeutet, dass diese Bücher typischerweise mit Themen wie Wahrnehmung und Aufmerksamkeit beginnen und die Themen Emotion und Motivation eher am Ende behandelt werden. Diese Struktur ist nicht überraschend, folgt sie doch annäherungsweise dem Ablauf von Prozessen im Verhalten. Dieser Ablauf ist in einem **Verhaltensbogen** systematisiert. Dieser Verhaltensbogen beginnt mit der Aufnahme von Informationen aus der Umwelt (Wahrnehmung) mithilfe einer selektiven Fokussierung (Aufmerksamkeit).

© Springer-Verlag GmbH Deutschland, ein Teil von Springer Nature 2019
T. Strobach und M. Wendt, *Allgemeine Psychologie,* Was ist eigentlich …?,
https://doi.org/10.1007/978-3-662-57570-3_8

Diese Informationen werden gespeichert und mit bestehendem Wissen verknüpft und bearbeitet (Gedächtnis). Diese Bearbeitung kann sehr komplexe kognitive Prozesse erreichen (Denken). Eventuell werden diese komplexen Prozesse durch positive oder aversive Zustände beeinflusst (Emotion). Anschließend kann ein von außen beobachtbares Verhalten initiiert werden (Motivation), das sich gegen potenzielle Widerstände und konkurrierende Ziele durchsetzen muss (Volition). Dieser Ablauf mentaler Prozesse ist sicherlich stark idealisiert und konstruiert. Dennoch kann er verdeutlichen, warum die Inhaltsbereiche der Allgemeinen Psychologie eine typische Reihenfolge im Verhaltensbogen aufweisen. Diese Reihenfolge wurde im vorliegenden Buch verwendet, um die Allgemeine Psychologie möglichst prägnant vorzustellen.

# Literatur

Achtziger, A., & Gollwitzer, P. M. (2010). *Motivation und Volition im Handlungsverlauf* (4. Aufl.). Berlin: Springer.

Arnold, M. B. (1960). *Emotions and personality*. New York: Columbia University Press.

Atkinson, J. W. (1957). Motivational determinants of risk-taking behavior. *Psychological Review, 64,* 359–372.

Atkinson, R. C., & Shiffrin, R. M. (1968). Human memory: A proposed system and its control processes. *Psychology of Learning and Motivation, 2,* 89–195.

Baddeley, A. (1986). *Working memory*. Oxford: Oxford University Press.

Baddeley, A. (1992). Working memory. *Science, 255*(5044), 556–559.

Baddeley, A. (2012). Working memory: Theories, models, and controversies. *Annual Review of Psychology, 63,* 1–29.

Bandura, A. (1965). Influence of models' reinforcement contingencies on the acquisition of imitative responses. *Journal of Personality and Social Psychology, 1*(6), 589–595.

Barbizet, J. (1970). *Human memory and its pathology*. San Francisco: W. H. Freeman.

Becker-Carus, C., & Wendt, M. (2017). *Allgemeine Psychologie: Eine Einführung*. Berlin: Springer.

Beller, S., & Spada, H. (2003). The logic of content effects in propositional reasoning: The case of conditional reasoning with a point of view. *Thinking and Reasoning, 9*(4), 335–378.

Biederman, I. (1987). Recognition-by-components: A theory of human image understanding. *Psychological Review, 94*(2), 115–147.

Bilalić, M. (2016). Revisiting the role of the fusiform face area in expertise. *Journal of Cognitive Neuroscience, 28*(9), 1345–1357.

Boole, G. (1854). *An investigation of the laws of thought on which are founded the mathematical theories of logic and probabilities*. London: Macmillan.

Broadbent, D. E. (1958). *Perception and communication*. London: Pergamon Press.

Bruce, V., & Young, A. (1986). Understanding face recognition. *British Journal of Psychology, 77*(3), 305–327.

Buchner, A., & Brandt, M. (2017). Gedächtniskonzeptionen und Wissensrepräsentationen. In J. Müssler & M. Rieger (Hrsg.), *Allgemeine Psychologie* (S. 401–434). Berlin: Springer.

Calder, A., Rhodes, G., Johnson, M., & Haxby, J. V. (2011). *Oxford handbook of face perception*. New York: Oxford University Press.

© Springer-Verlag GmbH Deutschland, ein Teil von Springer Nature 2019
T. Strobach und M. Wendt, *Allgemeine Psychologie,* Was ist eigentlich …?,
https://doi.org/10.1007/978-3-662-57570-3

Cannon, W. B. (1927). The James-Lange theory of emotions: A critical examination and an alternative theory. *The American Journal of Psychology, 39,* 106–124.

Casscells, W., Schoenberger, A., & Graboys, T. B. (1978). Interpretation by physicians of clinical laboratory results. *New England Journal of Medicine, 299*(18), 999–1001.

Cherry, E. C. (1953). Some experiments on the recognition of speech, with one and with two ears. *The Journal of the Acoustical Society of America, 25*(5), 975–979.

Coltheart, M., Laming, D., Routh, D., & Broadbent, D. (1983). Iconic memory. *Philosophical Transactions of the Royal Society of London B, 302*(1110), 283–294.

Cosmides, L. (1989). The logic of social exchange: Has natural selection shaped how humans reason? Studies with the Wason selection task. *Cognition, 31*(3), 187–276.

Damasio, A. R., Damasio, H., & Van Hoesen, G. W. (1982). Prosopagnosia – Anatomic basis and behavioral mechanisms. *Neurology, 32*(4), 331–341.

Deutsch, J. A., & Deutsch, D. (1963). Attention: Some theoretical considerations. *Psychological Review, 70*(1), 80–90.

Diamond, R., & Carey, S. (1986). Why faces are and are not special: An effect of expertise. *Journal of Experimental Psychology: General, 115*(2), 107–117.

Driver, J. (2001). A selective review of selective attention research from the past century. *British Journal of Psychology, 92*(1), 53–78.

Dunlosky, J., Rawson, K. A., Marsh, E. J., Nathan, M. J., & Willingham, D. T. (2013). Improving students' learning with effective learning techniques: Promising directions from cognitive and educational psychology. *Psychological Science in the Public Interest, 14*(1), 4–58.

Eddy, D. M. (1982). Probabilistic reasoning in clinical medicine: Problems and opportunities. In D. Kahneman, P. Slovic, & A. Tversky (Hrsg.), *Judgment under uncertainty: Heuristics and biases* (S. 249–267). New York: Cambridge University Press.

Eder, A., & Brosch, T. (2017). Emotion. In J. Müsseler & M. Rieger (Hrsg.), *Allgemeine Psychologie* (S. 185–222). Berlin: Springer.

Epstein, S., & Fenz, W. D. (1965). Steepness of approach and avoidance gradient in humans as a function of experience: Theory and experiment. *Journal of Experimental Psychology, 70*(1), 1–12.

Fechner, G. T. (1860). *Elemente der Psychophysik.* Leipzig: Breitkopf & Härtel.

Festinger, L. (1962). *A theory of cognitive dissonance.* Stanford: Stanford University Press.

Gauthier, I., Tarr, M. J., Anderson, A. W., Skudlarski, P., & Gore, J. C. (1999). Activation of the middle fusiform 'face area' increases with expertise in recognizing novel objects. *Nature Neuroscience, 2*(6), 568–573.

Gauthier, I., Skudlarski, P., Gore, J. C., & Anderson, A. W. (2000). Expertise for cars and birds recruits brain areas involved in face recognition. *Nature Neuroscience, 3*(2), 191–197.

Gobet, F., Chassy, P., & Bilalic, M. (2011). *Foundations of cognitive psychology.* New York: McGraw-Hill.

Goldstein, E. B. (1997). *Wahrnehmungspsychologie – Eine Einführung.* Heidelberg: Spektrum.

Gollwitzer, P. M. (2012). Mindset theory of action phases. In P. Van Lange, A. W. Kruglanski, & E. T. Higgins (Hrsg.), *Handbook of theories of social psychology* (Bd. 1, S. 526–545). London: Sage.

Guttman, N., & Kalish, H. I. (1956). Discriminability and stimulus generalization. *Journal of Experimental Psychology, 51*(1), 79–88.

Haxby, J. V., Gobbini, M. I., Furey, M. L., Ishai, A., Schouten, J. L., & Pietrini, P. (2001). Distributed and overlapping representations of faces and objects in ventral temporal cortex. *Science, 293*(5539), 2425–2430.

Heckhausen, H., & Gollwitzer, P. M. (1987). Thought contents and cognitive functioning in motivational versus volitional states of mind. *Motivation and Emotion, 11*(2), 101–120.

Helmholtz, H. von. (1866/1910). *Handbuch der physiologischen Optik*. Hamburg: Voss.

Hull, C. L. (1943). *Principles of behavior: An introduction to behavior theory*. New York: Appleton-Century Crofts Inc.

Hull, C. L. (1952). *A behavior system: An introduction to behavior theory concerning the individual organism*. Westport: Greenwood Press.

James, W. (1884). What is emotion? *Mind, 9,* 188–205.

James, W. (1890). *The principles of psychology*. New York: Holt.

Jenkins, H., & Harrison, R. (1962). Generalization gradients of inhibition following auditory discrimination learning. *Journal of the Experimental Analysis of Behavior, 5*(4), 435–441.

Johnson-Laird, P. N. (1983). *Mental models*. Cambridge: Cambridge University Press.

Johnson-Laird, P. N., & Byrne, R. M. J. (1991). *Deduction*. Hove: Lawrence Erlbaum Associates.

Kahneman, D. (1973). *Attention and effort*. Englewood Cliffs: Prentice-Hall.

Kahneman, D., & Tversky, A. (1973). On the psychology of prediction. *Psychological Review, 80*(4), 237–251.

Kahneman, D., & Tversky, A. (1979). Prospect theory: an analysis of decision under risk. *Econometrica, 47,* 263–292.

Kiesel, A., & Koch, I. (2018). Wahrnehmung und Aufmerksamkeit. In A. Kiesel & H. Spada (Hrsg.), *Lehrbuch Allgemeine Psychologie* (Bd. 4, S. 35–120). Bern: Hogrefe.

Kiesel, A., & Spada, H. (2018). *Lehrbuch Allgemeine Psychologie*. Göttingen: Hogrefe.

Koch, I., & Stahl, C. (2017). Lernen – Assoziationsbildung, Konditionierung und implizites Lernen. In J. Müsseler & M. Rieger (Hrsg.), *Allgemeine Psychologie* (S. 319–355). Berlin: Springer.

Kuhl, J. (1983). *Motivation, Konflikt und Handlungskontrolle*. Berlin: Springer.

LaBerge, D. (1983). Spatial extent of attention to letters and words. *Journal of Experimental Psychology: Human Perception and Performance, 9*(3), 371–379.

Lange, C. (1887). *Über Gemütsbewegungen*. Leipzig: Theodor Thomas.

Lavie, N. (1995). Perceptual load as a necessary condition for selective attention. *Journal of Experimental Psychology: Human Perception and Performance, 21*(3), 451–468.

Lavie, N. (2005). Distracted and confused?: Selective attention under load. *Trends in Cognitive Sciences, 9*(2), 75–82.

Lazarus, R. S. (1966). *Psychological stress and the coping process*. New York: McGraw-Hill.

Lazarus, R. S. (1991). *Emotion and adaptation*. New York: Oxford University Press.

Lewin, K. (1951). Behavior and development as a function of the total situation. In D. Cartwright (Hrsg.), *Field theory in social science. Selected theoretical papers by Kurt Lewin* (S. 238–303). New York: Harper.

MacLeod, C. M. (1991). Half a century of research on the Stroop effect: An integrative review. *Psychological Bulletin, 109*(2), 163–203.

Marcus, S. L., & Rips, L. J. (1979). Conditional reasoning. *Journal of Verbal Learning and Verbal Behavior, 18*(2), 199–223.

McClelland, D. C., Koestner, R., & Weinberger, J. (1989). How do self-attributed and implicit motives differ? *Psychological Review, 96*(4), 690–702.

McIntosh, D. N. (1996). Facial feedback hypotheses: Evidence, implications, and directions. *Motivation and Emotion, 20*(2), 121–147.

McNeil, J. E., & Warrington, E. K. (1993). Prosopagnosia: A face-specific disorder. *Quarterly Journal of Experimental Psychology, 46*(1), 1–10.

Meer, E. van der. (2006). Langzeitgedächtnis. In J. Funke & P. A. Frensch (Hrsg.), *Handbuch der Allgemeinen Psychologie – Kognition* (S. 346–355). Göttingen: Hogrefe.

Meltzoff, A. N., & Moore, M. K. (1977). Imitation of facial and manual gestures by human neonates. *Science, 198*(4312), 75–78.

Memmert, D. (2006). The effects of eye movements, age, and expertise on inattentional blindness. *Consciousness and Cognition, 15*(3), 620–627.

Miller, G. A. (1956). The magical number seven, plus or minus two: Some limits on our capacity for processing information. *Psychological Review, 63*(2), 81–97.

Müsseler, J., & Rieger, M. (2017). *Allgemeine Psychologie*. Berlin: Springer.

Neisser, U. (1967). *Cognitive psychology*. New York: Appleton.

Pashler, H. (1994). Dual-task interference in simple tasks: Data and theory. *Psychological Bulletin, 116*(2), 220–244.

Pollmann, S. (2008). *Allgemeine Psychologie*. München: UTB.

Posner, M. I. (1980). Orienting of attention. *Quarterly Journal of Experimental Psychology, 32*(1), 3–25.

Posner, M. I., Snyder, C. R., & Davidson, B. J. (1980). Attention and the detection of signals. *Journal of Experimental Psychology: General, 109*(2), 160–174.

Prinz, W., Müsseler, J., & Rieger, M. (2017). Einleitung – Psychologie als Wissenschaft. In J. Müsseler & M. Rieger (Hrsg.), *Allgemeine Psychologie* (S. 2 10). Berlin: Springer.

Raz, A., Shapiro, T., Fan, J., & Posner, M. I. (2002). Hypnotic suggestion and the modulation of Stroop interference. *Archives of General Psychiatry, 59*(12), 1155–1161.

Rescorla, R. A. (1988). Pavlovian conditioning: It's not what you think it is. *American Psychologist, 43*(3), 151–160.

Rescorla, R. A., & Wagner, A. R. (1972). A theory of Pavlovian conditioning: Variations in the effectiveness of reinforcement and nonreinforcement. In A. H. Black & W. F. Prokasy (Hrsg.), *Classical conditioning II: Current research and theory* (S. 64–99). New York: Appleton-Century-Crofts.

Rheinberg, F. (2004). *Motivation*. Stuttgart: Kohlhammer.

Rubin, E. (1921/2001). Figure and ground. In S. Yantis (Hrsg.), *Visual perception*. Philadelphia: Psychology Press.

Schachter, S. (1964). The interaction of cognitive and physiological determinants of emotional state. In L. Berkowitz (Hrsg.), *Advances in experimental social psychology* (Bd. 1, S. 49–80). New York: Academic Press.

Siegel, S. (2001). Pavlovian conditioning and drug overdose: When tolerance fails. *Addiction Research & Theory, 9*(5), 503–513.

Siegel, S., Hearst, E., & George, N. (1968). Generalization gradients obtained from individual subjects following classical conditioning. *Journal of Experimental Psychology, 78*(1), 171–174.

Simons, D. J., & Chabris, C. F. (1999). Gorillas in our midst: Sustained inattentional blindness for dynamic events. *Perception, 28*(9), 1059–1074.

Spada, H., Rummel, N., & Ernst, A. (2006). Lernen. In H. Spada (Hrsg.), *Lehrbuch der Allgemeine Psychologie*. Bern: Huber.

Squire, L. R. (2004). Memory systems of the brain: A brief history and current perspective. *Neurobiology of Learning and Memory, 82*(3), 171–177.

Stroop, J. R. (1935). Studies of interference in serial verbal reactions. *Journal of Experimental Psychology, 18*(6), 643–662.

Thorndike, E. L. (1911). *Animal intelligence: Experimental studies*. New York: Macmillan.

Tomaka, J., Blascovich, J., Kibler, J., & Ernst, J. M. (1997). Cognitive and physiological antecedents of threat and challenge appraisal. *Journal of Personality and Social Psychology, 73*(1), 63–72.

Treisman, A. M. (1960). Contextual cues in selective listening. *Quarterly Journal of Experimental Psychology, 12*(4), 242–248.

Tulving, E. (1972). Episodic and semantic memory. In E. Tulving & W. Donaldson (Hrsg.), *Organization of Memory* (S. 382–404). New York: Academic Press.

Tulving, E. (2002). Episodic memory: From mind to brain. *Annual Review of Psychology, 53*(1), 1–25.

Vogel, E. H., Castro, M. E., & Saavedra, M. A. (2004). Quantitative models of Pavlovian conditioning. *Brain Research Bulletin, 63*(3), 173–202.

Wason, P. C. (1966). Reasoning. In B. Foss (Hrsg.), *New horizons in psychology* (S. 135–151). Harmondsworth: Penguin.

Watanabe, S., Sakamoto, J., & Wakita, M. (1995). Pigeon's discrimination of paintings by Monet and Picasso. *Journal of the Experimental Analysis of Behavior, 63*(2), 165–174.

Wickens, C. D. (2002). Multiple resources and performance prediction. *Theoretical Issues in Ergonomics Science, 3*(2), 159–177.

Yin, R. K. (1969). Looking at upside-down faces. *Journal of Experimental Psychology, 81*(1), 141–145.

Printed in the United States
By Bookmasters